教出懂规矩的孩子

〔美〕凯文·莱曼 著

赵姬 译

上海文化出版社
SHANGHAI CULTURE PUBLISHING HOUSE

你是本书的目标读者吗？

这个小测验能帮你找到答案。
只需在每个问题前的圆圈内打"√"或"×"即可。

· 关于你本人

○ 你是否对孩子寄予厚望？

○ 你说话算数吗？

○ 你能说到做到、坚持到底吗？

○ 你会让孩子对自己的行为负责吗？

要是目前你给出的四个回答都是"√"，而且自我感觉良好，估计你不需要这本书。但如果没什么要紧事，不妨继续做完以下测试，权当消遣。

○ 你会因为简单的日常事务，如起床上学、穿衣服、吃饭、做作业以及做家务，对孩子大吼大叫或者威逼利诱吗？

○ 当你对孩子说"不"，而他开始哭鼻子，你会充满内疚吗？你会向孩子让步，转过来答应你刚才拒绝他的事吗？

○ 你会和孩子促膝长谈,解释为什么自己会拒绝他的要求吗?

○ 你会担心孩子不自信吗?

○ 如果孩子不高兴,你会感到烦恼吗?

○ 你会为孩子筹办像下面这样盛大的生日派对吗?

· 罗莎 7 岁生日,父母租了一辆大巴车,把她和她的一群朋友带到了近两百公里外的一个城市,好让他们每个人都能亲手"制作小熊"[1],之后他们又去了一家冰激凌店吃蛋糕和冰激凌为她庆生。

· 麦克 5 岁生日的时候,父母为他租下了体育馆的俱乐部,从那儿能直接看到整个球场。

· 马蒂是一位单身母亲,她花了一整个月的工资为 10 岁的女儿庆祝生日。

○ 你会担心你自己的孩子没有别的孩子出类拔萃吗?

○ 你是否盼着其他孩子出错,这样就能凸显自己的孩子表现好?

○ 你是否很难拒绝孩子?

○ 对孩子描述作为家长的真实感受,是不是很难?

○ 你是否大多数时间都很纠结?

1　译者注：制作小熊 (Build a Bear) 是一种手工活动，由美国知名的毛绒熊玩具公司金泰迪工作室推出。

· 关于学校

○ 你是否过多干涉了孩子的生活？你是否担心，如果你不陪伴孩子参加每一次课外活动，就可能发生意外？

○ 你是否会帮孩子做作业或完成学校布置的其他任务？

○ 如果孩子成绩不太理想，你是否会要求老师给你一个充分的解释？

○ 当孩子没有及时完成作业，你是否会帮他找借口？（"哦，这是我们的错。我们当时得去哪哪哪，要做这个那个，实在是不得不去。"）

○ 孩子一项简单的作业是否会让全家人整晚都在陪他折腾？最终的结果是孩子大哭大闹、大人心烦意乱，然后作业也没做完，或者做得不好？

○ 你会替孩子检查和改正作业吗？

· 关于孩子

○ 每天是否只有在你的督促下，孩子才肯帮忙做点家务事？

○ 孩子是否不尊重你，或者不把你的话当回事？

○ 孩子是否不服管教？

○ 孩子是否什么都不缺？

○ 孩子是否在各项课外活动中疲于奔命？

○ 如果要让孩子做点事，是否需要再三提醒？

○ 当孩子在你面前摔门而去，你是否轻描淡写地说一句"小孩子都这样"，就放过他了？

○ 让孩子上床睡觉是否和打仗一样？

假如你对以上任何一个话题产生了共鸣，哪怕只打了一个"√"，那么这本书你也应该读下去，不但如此，还需要把它随时带在身边，车上放一本，家里再放一本。

这本书必定直击你的痛点，合乎你的心意。

我保证。

目 录

第二部分 向莱曼博士提问

性格问题

习惯问题

品行问题

礼貌问题

责任问题

学校问题

人际关系问题

后记：快乐日

凯文·莱曼博士的十大育儿准则

孩子们在联合行动，
而且力量越来越壮大

孩子们制订了通盘计划，惹你抓狂，
但你不必让他们发号施令。

实话告诉你吧，从一开始，孩子们就已经联合起来了。他们制订了计划，步步为营，让你暴跳如雷。

不信吗？环顾四周，告诉我你在商场、小店、餐馆，甚至自己家的客厅看到了什么——

蹒跚学步的小女孩坐了一次旋转马车还不够，还一个劲地大哭，把妈妈闹得疲惫不堪，只好让她一连坐了三次。

3岁的小不点整天尖叫，好让爸妈满足他每一个心血来潮的想法。

7岁的小男孩一边把西蓝花从盘子里拨出去，弄到饭店的地板上，一边狠狠地瞪着妈妈，意思是"谅你也不敢在这儿动我一下"。

12岁的小胖墩让爸爸买了满满一购物车的夹心面

包、奥利奥、可口可乐和黄油饼干，就在柜台结账的那一会儿工夫，他已经消灭了两袋夹心面包，而爸爸只是无奈地耸了耸肩。

14岁的小姑娘穿着一身黑，浑身写满了"态度"二字，怎么看都不像是要走正道。

16岁的女孩因为爸爸没给她看电影的钱，就无法无天地朝他竖起中指，到了晚上又死皮赖脸地来讨车钥匙。

青春期的叛逆少年冲着爸爸骂道"去你的！"然后扬长而去。

......

种种迹象表明，如今个子还没有桌腿高的孩子都已经开始发号施令了。他们似乎成了特权阶级，觉得什么事都能称心如意，可以理所当然地不劳而获。在他们看来，整个世界都欠他们的，欠的还不只一星半点。这些小不点贪图享乐的本事炉火纯青，比青春期的孩子有过之而无不及。还有很多已经成年的孩子依然要回到父母舒适的家里，甚至赖着不走了。

其实这些事你都明白。既然你拿起了这本书，想必是出于某种原因的。你已经受够了孩子的胡闹吧？是希望看到家里的状况或多或少有所转变吧？让你筋疲力尽的不一定是大事，而是孩子翻白眼、顶嘴、互相吵架、对你不理不睬、摔门等各种不恰当的态度和行为。作为父母，你不得不和他们持续做斗争。还有些时候是因为孩子动不动就跑回自己房间，对着你气急败坏地喊道："你不能逼我！"和"我恨你！"每天从孩子一起床就得和他们斗智斗勇，那种疲惫和压力让你心力交瘁。

也许是孩子的行为让你难堪不已。例如儿子在商场里大发脾气，或者是你在家招待同事的时候，女儿戴着你都不知道什么时候打的脐环和鼻环粉墨登场。或许是由于孩子的行为而让你没办法参加某些活动（"哎，亲爱的，我们还是不要和奥尔桑一家出去吃饭了吧，你知道孩子们会是什么样。"）又或许你看到了孩子目无尊长和叛逆的迹象，担心他会不会愈演愈烈，你知道是时候该采取措施了。

在书里我会直言不讳。你任重道远，并且时间紧迫。我知道这个状况，是因为我和我的妻子桑德一共养育了四女一男五个孩子。转过头看，光阴似箭啊。

作为父母，如果你认为应该在孩子面前树立良好的威信，那么这本书会很适合你。如果你不这么认为，那么现在就把书放下，去买本别的书吧。因为我接下来要讲的东西你可能不喜欢，也不会去实践，说不定还会跟朋友吐槽一番。

但是让我先问问你：为了孩子早上能赶上校车，你花了一个小时喊他起床，此时你是什么感觉？有没有更好的方法？

如果换一种方法呢？要是你今天早上不叫醒他呢？假如你什么也不做，会怎么样？

"但是，莱曼博士，"你说，"可我不能这么做啊。他们上学会迟到的，我上班也会迟到。"

现在你可算是有点头绪了。

让我再问问你：孩子们总是吵吵闹闹，谁先用卫生间啊，谁穿了别人的衬衫还丢在地板上堆成一团啊……你听了是什么感觉？听到孩子抱怨你给他带的午饭，你又是什么感觉？

假如你根本不插手孩子们的争吵呢？如果你不扮演和事佬，或者不急急忙忙给女儿洗她最喜欢的衬衫，让她穿到学校呢？或者你根本没有准备午餐呢？

啊，现在你开始理解了。

确实有一种更好的办法，而且这种办法就掌握在你的手里。

要明白，身为父母，你的任务并不是想办法哄孩子开心。如果孩子在短暂的不快乐之后，自己有了学习和领悟，脸上重新挂上幸福的笑容，对你们所有人而言，生活是否更美好了？

当孩子大叫道"你不能逼我！"他说得没错。你不能逼他做事。但如果他打定主意不配合，那你也不必大费周折地带他去考驾照。

你知道，生活中没有免费的午餐。孩子越早了解这一点越好。无论年龄大小，每个人都该对自己说的话负责。**家庭应该建立在相互尊重、关爱和负责任的基础上。并没有什么理所当然的权利。**如果你在家中玩抢夺权利的游戏，就会养出小公主或者小皇帝，他们会认为自己才是那个说了算的人。这样的孩子觉得自己开心才是生活中最重要的事，他们不仅"有权"得到想要的东西，而且是随时就能得到。

许多父母都不知不觉地这样做了。我们花了大把时间为孩子的生活道路扫除障碍：我们替他们做了太多的决定，给了他们太多的选择，而且在孩子不负责任地抱怨我们的时候，还放他们一马或者找借口掩饰。说到底，你就是希望孩子喜欢你，对吗？难怪孩子们认为他们才是老大，父母的威逼利诱根本不起作用！尤其是很多妈妈告诉我说，她们感觉自己像奴隶一样，忙着满足孩子的一切愿望，每到晚上都感觉筋疲力尽。如果你也有同感，那请继续阅读。

各路专家都在谈论如何提高孩子的自尊心。他们承诺，如果你赞美孩子，为他铺平人生道路，你们会来到理想的国度，永远幸福地生活。但是我告诉你，经过近四十年的家庭辅导工作，以及和我爱妻共同养育了五个孩子，我的经验是：这样的做法总是事与愿违，太多家庭正与他们的理想背道而驰。

你希望孩子成为家庭和社会中积极向上、有所作为的一员，对吧？《教出懂规矩的孩子》这本书为你提供了行之有效的方案，帮你培养出负责任的子女，让你时时刻刻为他们感到自豪。它能给家庭减压，让你感受到养育孩子从未体验过的自由，在过程中甚至还有欢声笑语相伴。（等读到本书后记"快乐日"你就明白了！）

也许你在想，这听起来也太好了，简直让人不敢相信！你肯定没有告诉我们要付出什么样的代价吧？没错，**这个代价就是你自己要做出改变，因为你才是让孩子的思想和行动有所改变的关键所在。**为了实现这一目标，你需要成为自己理想中的父母，需要意志坚决地挺身而出，不再妥协让步。所以给我一个星期，改变你的想法和行动，你会对发生的一切感到惊喜！

在阅读本书的过程中，你可能有时会困惑不解，因为其中的一部分建议你不一定赞同。但我可以百分之百保证：如果你遵循书中的简单策略，最快只需五天时间，就能拥有一个好孩子。他会发现生活并非完全以他为中心，生命中还有其他人也很重要，他会感谢你为他的付出。你的家庭会呈现充满了尊重、关爱和责任的新氛围。你会发现自己脸上竟然泛起了这么多笑容。

我凭什么能保证你和孩子的关系在短短五天里就能发生如此巨大的变化？因为数十万家庭在采取我的策略后，都毫无例外地发生了以上转变！

《教出懂规矩的孩子》不是老生常谈，它是真正有效的计划。更棒的是，它并不是什么高深的学问，每个人都可以做到。想拥有一个好孩子吗？想成为好父母吗？那就参加五天的挑战赛吧：

星期一，我将揭示孩子在生活中究竟是什么心理，以及为什么他总是做那些让你抓狂的事情；

星期二，我们将讨论父母都希望孩子明白的三件最重要的事，以及如何教导孩子才能让他们永远记在心里；

星期三，我们将放眼未来，你希望孩子长成什么样的人？你希望成为什么样的父母？只要学会我久经考验的"三大成功策略"，你就能实现目标；

星期四，我们将一起探寻自我价值的三大支柱，并学习如何在孩子身上培养这些品质；

星期五，你需要扮演心理医生，我们将回顾一周以来的教育原则和行动计划，并准备运用到毫不知情的孩子身上。

最后，"向莱曼博士提问"部分提供了对于近百个家庭教育热门话题的回答，你可以在这里找到实用的建议。

最后就到了我称之为"快乐日"的那天，也是我最喜欢的部分。启动计划后，你就可以坐下来享受成功的快乐了。

如果你没有半途而废，我保证你终将获得回报。我之所以能确保这一点，是因为我在自己孩子身上取得了成功。我的几个孩子无论是学业还是生活方面都很出色。更可贵的是，他们真心彼此爱护，总是看重家人的利益多于自己的利益。最棒的是，他们热爱并尊重父母，喜欢和父母一起出去玩，就连15岁女儿的朋友都觉得她父母"很酷"。

在《教出懂规矩的孩子》这本书中，我汇集了近四十年的婚姻和养育孩子的经历、我作为心理学家的临床经验、作为五个孩子父亲的个人经历，以及我在全国各地出差，为改善家庭关系倾囊相授时遇到的众多实例，我把这一切全部都融合到这本小书里。我这样做是因为我关心你的家人。我想看到你的家庭也能拥有像我家那样令人满意的关系。我想让你体验所有成员都相互爱护、互相尊重的家庭氛围。

你的孩子值得拥有这样的家。

你值得拥有这样的家。

实现这一切，就是最让我快乐的事了。

第一部分

莱曼博士的
五天育儿挑战赛

星期一：了解孩子的心理

为什么孩子有某些行为，而且屡教不改？

这和你的反应密切相关。

当孩子说"我恨你",怎么办?

4 岁的马修心情很糟,妈妈刚把他从幼儿园接出来的时候就发现了。开车回家的路上,他坐在车的后排,不断地想和妈妈吵架斗嘴。最后,他爆发了,情绪激烈地大喊:"我恨你!"

假如你是他的家长,你会作何反应?

你或许会:

1.狠狠斥责他一顿。

2.不理不睬,假装他不存在。

3.尝试一种别出心裁的办法,把这种行为彻彻底底掐灭在萌芽状态。

你倾向于哪种选择?

要是你痛骂了孩子一顿,下车时你们两个人都会觉得情绪不佳,浑身不舒服。而且长期来看,这样能解决问题吗?这一天接下来的时间里,你都会感到快快不快,孩子还会跑到房间里去生闷气。到最后，你们总有一个会道歉，这个人多半是你，因为作为家长，一种内疚感会支配你这么做。你会对自己发脾气感到后悔，很可能还会不惜重金给孩子买礼物来补偿。

如果你不理他，假装他不存在，可能短时间内有用——直到他有求于你。对一个4岁的孩子而言，这大概也就能持续4.9秒钟吧，因为他有太多事情需要你帮忙了，他没办法够到屋子里的大多数东西（比如放在冰箱上层的牛奶）。而问题在于如果你不纠正他的行为，你这一天都会暗自郁闷，还会通过别的事情出气。

马修的妈妈决定这次不走寻常路，尝试一下新办法。她很紧张，不知道会不会管用。她看过太多育儿书，但书里面那么多方法没一个奏效过。马修这孩子都快变成小恶魔了，她不敢相信自己竟然这么评价孩子，但事实就是如此。

她叹了口气。非常时期要采取非常手段。她听说这个新办法很行得通，她的三个闺蜜用了以后都说管用。她们说她得强硬一点，拿出家长的样子来，一以贯之地管教孩子，还得坚持不退缩。她明白最后一点是最难做到的，因为一看到马修她就狠不下心来。当马修睁着泪汪汪的蓝色大眼睛望着她时，他提出的一切要求都会得到满足。

不过今天不能这样了，她已经下定决心，要尽最大努力尝试新方法。必须得采取行动了，马修已经快把她逼疯。光是上周就发生了好几件事，他不仅在商场里大发脾气，还咬了邻居家的小女孩，因为人家不肯把自己的玩具给他。更过分的是幼儿园老师告状说他欺负班里的同学，让她想办法管管自己的孩子。

到家之后，她什么也没说，只管忙着收拾从车上取下来的购物袋。过了几分钟，马修晃到厨房来了。平时厨房里都会有巧克力曲奇饼和牛奶等着他，这是他每天放学回家都要吃的。

"妈妈，我的饼干和牛奶呢？"他一边问，一边往厨房平时放这些东西的台面看。

"今天没有饼干和牛奶了。"妈妈郑重其事地说。然后她扭头走进了一个房间，不再理这个她遭了 11 个半小时的罪才辛苦生出来的孩子。

那么马修呢？他会就这么善罢甘休吗？不会。因为孩子都是习惯动物。马修接下来做了什么？他跟着妈妈也进了那个房间。

"妈妈，我不明白，我每天放学都有饼干和牛奶的啊。"

妈妈看着他的眼睛说道："妈妈今天不想给你吃。"说完她扭头又进了另一个房间。

此刻，马修还是一门心思想得到他要的东西，就像一名职业球员在比赛最后关头还在拼命想要进球。他又跟着妈妈走进另一个房间，说："妈妈，可是以前从来没有这样过。"他的声音里透着一丝恐慌，他开始发抖，"这是怎么回事呀？"

这一刻，妈妈知道，孩子终于能听进去她要说的话了。现在是教育的最佳时机，让孩子面对现实，让他的内心感受到震撼。**这时候家长该直截了当，抛出重点了："今天没有牛奶和饼干，因为你在车上对我说话的态度，妈妈不喜欢。"说完妈妈又转身走开了。**

还没走出三步，马修就彻底崩溃了。他跑着去抱住妈妈的大腿（毕竟他还是个小不点），号啕大哭起来："对不起，妈妈。对不起，我不该这么说。"

又一个绝佳的机会到来了。妈妈接受了马修的道歉，抱了抱他，对他说妈妈爱他。她还告诉马修他在车上说的话给她什么感觉。三分钟以后，孩子平静了下来，她放开了他，继续做自己的事。

之后马修又说了什么呢？他说："妈妈，我现在能吃牛奶和饼干了吗？"

她最害怕的就是这一刻，但还是鼓起勇气，平静地说："宝贝，我说过了，不行。今天没有牛奶和饼干了。"

马修惊呆了，他张开嘴想再争辩，最终还是伤心地走开了。

那么你认为：下次马修要开口跟妈妈吵架前，会不会先想想呢？

为什么孩子调皮捣蛋后能轻松逃脱？

为什么如今有那么多孩子不尊重家长，蛮横无理？为什么那么多家长威胁利诱、软硬兼施，却不起作用？到底是怎么回事？

孩子们之所以能随心所欲，是因为他们都轻松得手了！

归根结底还是在于家里到底谁说了算。是你，还是孩子？现如今很多家长都没有家长的样子，他们太想和孩子做朋友，不敢伤害孩子的心灵，想确保孩子能过得幸福、获得成功。然而家长们却没扮演好自己最重要的角色，那就是身为教导者的角色。他们为孩子的人生之路保驾护航、清除障碍，这样孩子就不用手足无措、劳神费力了。是啊，孩子为什么要去受这个苦呢？他们已经习惯了家长替他们安排好一切。现在父母都成了任由孩子差遣的奴仆，而不是替子女做出长远打算的教导者。

现在的父母还很善于制造借口，而且总是把孩子的错归咎在自己身上——"我没监督孩子完成作业，是因为那天晚上我出去应酬了"——而不是直言不讳地说："我女儿没做完家庭作业，是因为她太懒了。"**这些家长总是在警告孩子、提醒孩子，而不怎么教导孩子。**

这样做的结果是，现在的孩子愈发横行霸道，他们总是强调"我，我，我"还有"我要"。他们对家庭越来越不负责任，承担的义务也越来越少。对他们而言，家庭就是个无须付出、只管索取的地方。如今的孩子们很少会替他人着想，因为从来没有人教他们这样去做。

孩子们一个个都是精明的小鬼，都有着一套惯用的招数。平时，他们不断试探你的底线，想方设法占到先机，这样你就会对他们唯命是从。这意味着一旦他们的小花招成功了，以后就会故技重演。不仅如此，他们还会增加砝码，比如，假如单纯的哭哭啼啼还不足以让你给他买东西，他还会加上点捶胸顿足。或者，如果你青春期的女儿摔门而去，你就一路小跑，把车钥匙递给她，那么下次她再要用车的时候就会更加肆无忌惮。孩子都是左右人心的高手，不要以为他们没有在影响你。

因此，孩子的行为和你的反应息息相关。如果你这次遂了他们的心愿，下次精明的小鬼还会再度上演好戏。《教出懂规矩的孩子》这本书希望给家长一整套的方法和工具，既能达到教育的目的，又不至于打击孩子的信心。而且如果你遵循书中的原则，还会有更多的收获：你会成为理想中的家长，培养出理想中的孩子。

书中的原则不仅对幼儿或青春期的孩子都有用，甚至对掌管价值数百万美元的大公司总裁们也管用。放手一试吧，看看效果。最基本的原则看似太过犀利、不近人情，还有些在刚开始阅读时可能会引起你的反感，不过如果你选择这本书是为了改善家庭状况、获得立竿见影的效果，那么找我就对了。但你要是希望我花一年半的时间手把手带着你一步步讨论出现的问题，可就是不愿积极行动来改变这一切的话，那么还是另请高明吧。如果你愿意直面人生，并且为整个家庭的利益做出改变的话，我就能帮到你。仅仅五天，你就能惊讶地看到家里发生的变化。青春期的孩子不再口吐脏话、桀骜难驯，而是变得平静、恭敬、乐于助人。蹒跚学步的宝宝也不再大吼大叫、脾气暴躁，而是学会说"请"和"谢谢"了。

尝试一下这本书吧！想想你希望得到什么，我会帮助你有所收获。

孩子所做的一切都事出有因

你是否明白孩子所做的一切都事出有因？根据心理学家阿尔

弗莱德·阿德勒博士的研究，这种现象被心理学家称为"行为的目的性"。当孩子调皮捣蛋时，是为了引起你的注意。所有的孩子都渴望受到关注。**如果孩子不能用正面的方式引起你的关注，他就会设法用负面的方式获取。**这是因为孩子的内在逻辑正在形成（内心的对话告诉他：他是谁，他要做什么，这种对话将贯穿整个人生）。孩子们会自然地想，只有在人们注意到我，为我服务的时候，只有在我主宰、控制和获胜的时候，我才有价值。

告诉你个好消息：孩子们既擅长学习，也容易遗忘。作家安妮·奥特伦德曾说过："儿童就像湿水泥一样，具有可塑性。"她说得很对。在一定程度上，儿童确实有可塑性，但随着年龄增长，"水泥"慢慢变硬了。这就是为什么越早开始解决孩子的态度、行为和品格问题，效果就越好。（详见"星期二"章节。）

教育孩子面临的问题在于需要时间，而现今父母们既没有时间，也不愿挤出时间。有些孩子大部分时间都在日托班度过，到了放学后和晚上，还要去参加各种培训班，比如体操、合唱团、棒球等。

我在亚利桑那大学任教时，在大礼堂讲过一门有三百个学生上的课，学生有研究生、医学博士和护士。我会拿出一些家庭问题的案例和他们一起讨论解决。我会问学生们以下这些基本问题：

1. 你认为孩子的行为是从哪里学到的？

2. 他们为什么会调皮捣蛋？

3. 目前父母对此是怎么应对的？为什么不起作用？

4.父母怎么描述对这种行为的感受？

5.孩子的行为是在第一阶段（获得注意力）还是第二阶段（报复）？

6.你觉得父母应该怎么做？

有一对父母正为儿子的行为大伤脑筋，我让他们把孩子参加的活动一一告诉我。结果我发现，除了白天要上学之外，这个孩子每晚都有课程安排，而他只不过才10岁！我给出的建议是："不要让他去上课外班，最好全都停了。用不着带儿子去做心理咨询，待在家里多陪陪他。孩子的所作所为是因为他需要你们的关注，而且非常迫切！在孩子的人生中，任何咨询师都不能取代父母的角色。"

当孩子开始调皮或者表现自己时，他到底想表达什么？是"请关注我！"如果你没有以正确的方式关注孩子（我们将在"星期四"这一章节中详细讨论），孩子就会进入第二阶段：复仇。"我受到了伤害，所以我有权攻击别人，包括你。"如果你的孩子处于这个阶段，你真的需要这本书。许多进入复仇期的孩子可能会走上犯罪道路。

在权力斗争中，你永远不会获胜

当你选择和孩子开战，就注定永远不会赢。因为一旦开战，你比他们失去的会更多。你青春期的女儿根本不在意衬衫是不是太紧身了，但是你在乎，而且她知道你在乎。所以，当她怒气冲冲地跑下楼梯，大摇大摆地穿过厨房，冲出门前还回过头瞟你一眼，她是在暗示什么呢？是"我看你能怎么说！"

在权力斗争中，你永远不会获胜，所以不要走这条路。我会教你一种不同的方法，一种能在家中建立起权威的更好的方法。

孩子都是"习惯动物"

研究人员曾经做过一项经典实验，训练鸽子养成习惯，啄 3 下就能得到食物奖励。等鸽子学会之后，研究人员改变了这个强化程序，让鸽子啄 97 下才能得到奖励，学会后又改成 140 下，然后又改成 14 下。这样一来，鸽子非常困惑，不知道该怎么办了。因为之前学会的行为已经熟记于心，鸽子只会继续日复一日地啄 3 下以获取食物。

像鸽子一样，孩子也是习惯动物。要是你不信，那就试试在哄孩子睡觉时，漏掉一个平时的习惯动作。听听孩子怎么说："哎，妈妈，你忘了摸摸我的脸，你每天都摸的。"还记得马修吗，习惯了幼儿园回来后吃牛奶和饼干的那个孩子？只有当日常生活的规律被打破时，他才会把妈妈的话听进去，并开始学着改变。

孩子们学会一种行为后，会继续这种行为以获得奖励。这就是为什么孩子越小，家长想有所改变时就越轻松，因为你的孩子学会这种行为的时间还不长。如果你的孩子12岁或更大一些，他养成的习惯就更牢固，就需要你付出更多努力改变他的行为。但如果你坚持不懈，仍然可以达成目标。如果你希望孩子成为一个负责任的人，我会告诉你该怎么做。如果你想让他懂得规矩，学会倾听，我也会告诉你该怎么做。你和孩子都值得拥有这些。

那么，该怎么做才能让你和孩子的关系面目一新呢？那就要重新训练你的孩子。你要一以贯之，持之以恒，对目标坚定不移。

如何树立你的威信？

假设在商场里，孩子想吃麦当劳，但你没带够钱。于是他拼命发脾气大闹，让你非常尴尬。怎么办？

"马克，我们不吃麦当劳。"

然后你转身走开。

"但是，莱曼博士，请等一下，"有些人会问，"你的意思是把6岁的孩子一个人留在商场吗，不会吧？怎么能就这样一走了之？"

对，这就是关键。孩子其实不希望你离开，他不会允许你走远的。他只是想和你较量，并且想赢。

一旦孩子看到你的背影越走越远，快要消失在人群中，突然间他的大吵大闹就不那么有趣了。赢得战斗不再那么重要，找到妈妈、跟着她才重要，因为妈妈才是他的安全区。

让我们再假设，你看到 3 岁的儿子安迪故意推倒了正在学走路的小妹妹，你会生气吗？当然会。这是极其恶劣的行为，你可不能纵容，更不用说他把 1 岁半的妹妹都弄哭了。但首先你要深吸一口气，把你的策略好好想一遍，然后把安迪叫过来。

"安迪，你今天是不是想要我的关注？如果你想要一个拥抱，那就说出来，走过来跟我说让我抱抱你就行了，用不着去推你的妹妹，这种做法是不对的。"

指出孩子行为的目的性之后，他就不会觉得这么做很好玩了。这样一来，孩子明白了你其实对事情的真相以及他的目的一清二楚。掌握大局的人是你，而不是他。他下次就没有理由这样做了。

再例如，晚饭你准备做鸡肉，你正处于青春期的女儿对此快快不乐，说她讨厌鸡肉，尽管一周前她还要求吃鸡来着。然后等到她要去米兰达家"学习"的时候，你告诉她："你不能去米兰达家。"然后转过身，走进隔壁房间，开始叠衣服。

就像那个想要牛奶饼干的 4 岁孩子一样，你 14 岁的女儿会追着问："不能去米兰达家是什么意思？你每周二都会送我去她家的啊。"

"因为我不喜欢你之前跟我说话的态度。"

然后你转过身走开。无论她如何恳求、发脾气、道歉，你都不会送她去米兰达家。她必须向米兰达解释为什么她没法过去了。当然，她可能把事实情况换了个说法描述，但那有什么关系呢？你已经表明了自己的观点，下次她开口前就会考虑清楚再说了。

如果你希望孩子重视你，那么说话只说一遍，就一遍。如果你说了不止一遍，就等于是在暗示他："我觉得你很蠢，说一遍听不懂，所以我得再说一遍。"这是对孩子的尊重吗？

一旦你说完，就转过身，等着你的话引起孩子的注意。不要偷偷往后瞄，看孩子是不是按你说的要求照做了。顶嘴没用，讨价还价也没用。你只需要冷静地说出你要说的话，就到此为止。

然后走开，去忙别的事情。

你的孩子会生气、震惊、困惑吗？你会有几天激烈的内心斗争吗？哦，会的！

不过我问你，每次和孩子发生冲突后，你感觉如何？生气？难过？内疚？你会不会先大声斥责孩子一番，接下来又为此非常自责？你是不是总对自己说"我本该这样做，要是那样做就好了"？为了哄孩子开心，你是否像一只试图穿过迷宫的鸟儿，为了获得奖赏跑得晕头转向？你真的想这样生活吗？

如果你在 16 岁儿子的床下面发现一本色情杂志，你会怎么办？如果你在超市推着购物车，坐在车上的 2 岁女儿朝你肚子上踢，你会怎么办？（有次在餐馆里，有个小孩踢了我一脚，可我都不认识那个孩子，他的父母非常尴尬。）你青春期的孩子前一分钟还说"我恨你"，下一分钟又说"我爱你"，你会怎么办？抑或是校长打来电话，说你贪玩的儿子这次做得有点太过分了，你会怎么办？

什么才算是正常的，或者是否有正常这回事？你能期待什么？你的重点在哪里？什么事情该放手？在下一章中，我们将讨论对天下父母而言最重要的三件事：态度、行为和品格。

记住，孩子是"习惯动物"，所以对他们需要保持前后一致，持续跟进，否则他们会迷失在迷宫中。他们还需要知道，如果在迷宫中想怎么跑就怎么跑，可别指望最后还能得到奖励。

假设你和我在接下来的一个月里都跟着自己的感觉去生活，想说什么就说什么，想做什么就做什么，不想做的就不做。在一个月之后，生活会变成什么样？一团糟！我们会因为惹恼了上司而失业。我们的朋友会说："滚蛋吧！"我们甚至有可能被人痛打一顿。

如今的孩子需要引导，需要负起责任，还需要有人教他们承担自己的行为产生的后果。如若不然，他们的生活将会混乱不堪。

有一次，我和女儿在机场看到一对3岁的双胞胎在互相厮打。而他们的妈妈在做什么？拿着手机打电话。爸爸呢？看报纸。我开玩笑地跟女儿说："你爸爸就指着那样的孩子发家致富了。"

家长们，现在是时候努力拿出家长的样子了。你必须让孩子知道，你是认真的，你会说到做到。他们不能不尊重你，否则就会有后果——立竿见影的后果，并且他们说什么你都不会改变主意。

有人会说："这样不会让孩子沮丧难过吗？"这样正合我意！生活中有点内疚感是很有必要的，而偶尔的难过会帮他们成就颇多。

你就等着瞧吧！

总结：星期一做什么？

1. 观察家里正在发生什么。思考一下，你和孩子关系的哪些方面是最困扰你的？
2. 想一想，你希望有什么样的变化？
3. 做好准备，不畏艰难。
4. 期待有好事发生。

·读者反馈·

啊哦，完全对症，我很高兴您说得那么中肯。我以为自己是个好妈妈，因为我的父母非常专制，所以我说过绝对不会像他们一样，但我没意识到自己走上了另一个极端。我几乎没有对我的孩子说过一次"不"。为了让他们开心，我筋疲力尽，但他们仍然不开心。每个人都觉得我付出了很多，是个特别好的妈妈。但事实是我很软弱，难以坚持自己的立场。不过以后不会这样了。一周前，我采用了您的"说一遍，转身，然后走开"的原则，这真的、真的很有效，我惊呆了。昨天我的儿子心甘情愿地去倒垃圾，我的女儿注意到面包快吃完了，就去面包店买了带回家。这些变化让人难以置信！

我哭过、祈祷过、放弃过，都不起任何作用，但现在不一样了。您提出的教育孩子的原则，改变了我和孩子们的关系。在刚开始实践这些原则的前三天，我感觉很糟糕，因为我还不习惯在任何事情上有始有终。但是当我看到短短三天里的变化时，就有了完成任务的动力。现在我能带着两个小娃娃去见女朋友了，也不用担心她们大声尖叫或者让我尴尬。昨天，3岁的女儿走过来问我："妈妈，我们可以吃点零食吗？"而一周前，女儿会用命令的方式说"给我吃零食！"——您的原则真的有效！

——得克萨斯州 肯德拉

星期二：改变孩子的态度

想要一个真正拥有良好品格，而不是过于自我的孩子吗？
下面让我告诉你该怎么做。

我的妻子桑德一直祈祷能嫁一个品格出众的男人。后来她找到了一个"个性出众"的男人，那就是我。

如今很多孩子都很有个性，也许这就是为什么大量研究表明，在家庭教育中需要长期关注的问题有三个，可以归纳为一套全新的"ABC"：

态度（Attitude）

行为（Behavior）

品格（Character）

当孩子们走上人生道路时，以上三点是至关重要的。这些品质将伴随孩子长大成人，并决定孩子能否成为值得信赖、尊重他人及诚实可靠的人。

态度意味着一切

态度是孩子头脑和心灵的窗口。孩子的自我评价——他们如何看待自己以及自己过去的经历，都会通过行为被表达出来。

家长们，你们可知道，一个孩子哪怕看了家里另一个孩子一眼，都可能会是一种"犯罪"？来看看下面这些家庭"重罪"：

· "他瞪我！"
· "她穿了我的夹克，还把它撕破了。她是故意的！"
· "你从不对他大喊大叫，他做什么你都不追究。"
· "为什么她能去？你从来都不让我去。"
· "喂！为什么她的那块比我的大？"

即使孩子什么也没说，他们的态度也会表达得很清晰。当孩子用沉默对待你的时候，其实是在大声宣告他的态度。我想你知道我在说什么。

负面的态度会通过许多行为表现出来：翻白眼、顶嘴、固执、没礼貌、自以为是、发牢骚、总是"我，我，我"、唱反调、发脾气、不听话、不尊重人等。

但是态度从何而来呢？

态度是耳濡目染得来的

如果你有好几个孩子，你会发现这些小家伙可能迥然不同。有些孩子天生随和，而有些孩子则让人很不省心。

你和家里哪个人冲突最严重？这个孩子最像你，还是最不像你？

答案很可能是，和你最相像的那个孩子跟你冲突最严重。有个性的孩子有着有个性的父母。**态度是耳濡目染得来的，而不是教出来的。**

有时候，父母并没有意识到自己是在耍态度，但是你的真实想法会在对待孩子的行为中显现无疑。因此，如果你摆出一副"这是为你好，你得这么做，否则你就自求多福吧！"的态度，就相当于在和性格倔强的孩子找不痛快。即使是只有 1 岁半大的孩子，也会反抗你的过度掌控。

改变孩子的态度，关键是先改变你自己的态度。

比如你给女儿提出一个简单的要求："去把垃圾倒了。今天轮到你倒垃圾了。"

"我忙着呢。"她正面顶了回来，然后继续看小说。

问问自己，在这种情况下你通常会做什么？

如果孩子只有 6 岁，你可能可以强行逼着她去。如果孩子 10 岁，你可能会把话说得重一些，提高了音量重复刚刚的命令：

"我**说了**，去把垃圾倒了。**马上去**。"

"我不想去。"

接下来会发生什么？你一下子被惹得怒气冲冲。**这孩子以为她是谁啊？我为她付出了这么多，她怎么敢这样？**

你再次提高音量："小姐，我说了**马上去**，你就得**马上去**！要不然……"

你的女儿继续看书，甚至头都不抬一下。为什么？因为你这样威胁已经不是一次两次了，根本不起什么作用。

但是，要是改变一下态度，会怎么样？如果你保持冷静呢？如果只告诉她一遍，不再重复第二次呢？如果你自顾自走开，等着她去倒垃圾呢？不用提醒，不用提高嗓门，也不用生气。

"但是，莱曼博士，如果她还是不去怎么办？我觉得我女儿是不会去的。"

很简单。只需要让另一个孩子做这件事，付给他报酬，然后从女儿的下一笔零花钱里扣除这笔费用就行了。如果你自己动手，那就用这笔钱犒劳自己。重点是，别人替她做了她分内的事。

下一步怎么办？你要保持冷静，要掌握主动。过了一会儿，她对你说："我已经收拾好了，可以去商场买鞋了。"

你怎么回答？你不带感情地说："我们不去商场。"

"可是，妈妈，你说过要带我去商场的。"

"我不想带你去了。"然后你转身走开。

不内疚、不生气、不解释。你镇定自若，不为所动。

态度是藏不住的

如何区分哪些事是正常现象，或者说"只是必经阶段"，哪些是需要处理的态度问题？

几乎在百分之百的情况下，父母都能分辨尊重和无礼之间的区别，但他们选择不去理会。为什么会这样呢？因为如今很多父母都想成为孩子的朋友。但从长远来看，这是行不通的。

如果你青春期的女儿对你说："妈妈，这套衣服看起来有点傻。你真的要穿吗？"从她说话的方式中就能表露她的态度。

如果 2 岁的孩子当着你的面尖叫起来："我不要！"——这并不是什么"可怕的 2 岁"的必然表现。这关乎态度问题，他正在试探你的忍耐限度。

因此，对于"只是必经阶段"的说法，不要信以为真。你了解你的孩子，知道他什么时候是粗鲁无礼，什么时候他是真的想问明白一个问题。这些显然都能从肢体语言和说话的语调中体现出来。

当你开始使用"只说一遍，转身，走开"这个新方法的时候，别轻易告诉孩子为什么你改变了行为。让他花点力气去寻找答案。他迟早都会发现，**你的新做法，并且是持之以恒的做法，和他表现出来的态度大有关系。**

与此同时，也请审视一下你自己的态度。即使你的言辞听上去令人愉悦，你的态度也骗不过孩子。这就好比妻子对丈夫说："哦，亲爱的，你尽管去打高尔夫球吧，我在这里陪你妈妈。"这句话表面上听着可能很顺耳，但背后的态度是什么呢？翻译出来是："你怎么敢丢下我在这儿陪你妈！你真是个笨蛋！但愿你九杆球全输掉！"

你的态度和你的行为、你的品格息息相关，也会深深影响你的生活。

你表达的态度有多鲜明呢？

想让孩子改变，你必须先改变自己

孩子的一些表现，你亲眼见过，亲身经历过：打人、随地吐痰、干扰你打电话、兄弟姐妹掐架、砸墙、冲出房间、摔门、尖叫、尿床、在车里打架、晚上非要出门、房间乱糟糟、故意和你作对、咒骂、上学迟到、不肯吃饭、不好好待在床上睡觉、花钱大手大脚、说谎、没完成作业……

你可知道行为都是学来的吗？你可知道孩子会把你的一言一行看在眼里，然后效仿这样的行为？

请问有多少次你这样告诉自己："我绝不会像我父亲对我那样对待我的孩子，我也绝不会用母亲对我说话的方式对孩子说话。"然而，你会发现自己不仅说出来的话跟当年的父母一模一样，就连语音语调都如出一辙。

想想你对老板撒过的"没有恶意的小谎"："今天我感觉不太舒服，需要休息一天。"然后，你带着孩子们去了海滩。

或者，你向孩子保证要带他们去吃冰激凌，但是之后你就忙于工作，直到他们已经上床睡觉才回到家。

这就是我要说的意思。**你的态度一定会从行为中显露无余，而这些孩子们也都看在眼里。这意味着如果你想看到孩子有所改变，你就必须先改变自己。**如果你一生气就大呼小叫，那么当你 7 岁的孩子也这么做，你会感到惊讶吗？如果你经常用冷战的方式对待别人，那么当你 13 岁的孩子也沉默不语，你会感到奇怪吗？你违背过诺言吗？如果是这样，那要么就从现在开始信守诺言，要么就别轻易做出承诺。我个人的观点是，你永远不要对孩子许诺。向他们保证，就等于说：（1）汽车永远不会抛锚；（2）每一天都会按计划度过，毫无意外；（3）你是完美的；（4）天不会下雨。

孩子总会调皮捣蛋，孩子毕竟是孩子。他们再愚蠢的话也说得出来，再荒唐的事也做得出来，只要你能接受这个事实就行。我永远不会忘记，当我们有了长女霍莉，儿科医生告诉我们："你们必须保证家里的安全，因为孩子不懂事，什么东西都会放到嘴里。"孩子们会拉狗的尾巴而被狗咬，会玩电源插座，会跑到马路中央去，会用手指戳姐姐的眼睛，会在你准备参加重要晚宴时吐你一身。

作为父母，我们其实往往是主动诱导了孩子的行为，我们是等着他们这么做。想想看，你和孩子一起走进公共场所之前会发生什么？比方说你们要去超市，你会对孩子们怎么说？

"记住，别打打闹闹，手别乱动。要不然，你就别想让我给你买零食吃。妈妈只买几样东西，然后我们就回家。"

你的潜台词是什么？"孩子们，我就知道你们会调皮捣蛋，最好乖乖打住。"实际上，你这就是在怂恿孩子闯祸。

正因如此，很多孩子和奶奶在一起时像天使一样乖巧，但回到自己家后却变成了小魔鬼。为什么他们一到你身边就各种调皮捣蛋了呢？**因为你"期待"着他们不听话，所以他们能引起你关注的唯一方式就是不守规矩！**

事情怎么会这样？让时光倒流一会儿，还记得你刚刚发现有小天使降临身边的时候吗？运气好的话，可能你一年半里就生了两胎。有意思的是，即使人们的受教育程度越来越高，但是在养儿育女这个问题上，大多数人都还是只会一边实践一边摸索，或者照搬自己父母的做法。

所以，如果你是在那种"别动，你会弄伤自己"的家庭中长大的，那么你对自己的孩子也会过分谨慎，不断告诉孩子们别做这个、别动那个。

如果你在父母的虐待下长大的话，你会发现自己对孩子也是打骂不断。

如果你的父母总是拉着脸，用沉默不语来惩戒你，你会发现自己对孩子也是同样一副脸色。

但是，无论你决定如何改变态度，过上一段时间，如果你做不到持之以恒，也没有让孩子承担后果，那么无论你说什么话、使什么脸色，都不会再起作用了。然后，父母和孩子之间就会出现鸿沟，很多年都难以弥合。

当孩子跟你叫板时，一定要问自己以下三个问题，这对于你看清他们的行为大有裨益：

1. 你要解决的这种行为，它的目的是什么？（换句话说，孩子为什么要这么做？）

2. 作为父母，你在这种情况下感觉如何？（你对事情的看法和当时的情绪决定了你会如何进行处理。）

3. 这是一座"大山"（有深远影响的问题），还是一座"小丘"（会自行消失的问题，换言之，是你为孩子制订的宏伟人生规划中无足轻重的小问题）？

作为家长，我们希望孩子完美无缺，所以经常会小题大做，把"小丘"认作是"大山"。"但是，莱曼博士，"你会问，"我怎么才能确定哪个是'大山'，哪个是'小丘'呢？"

你可以用第 36 页的小测验来检验自己的判断力。在之后的章节里，你会看到关于这些问题的答案。

每个孩子都会失败、会犯错、会让你难堪。但是，不必一辈子用这些失败压得孩子喘不过气来。纠正行为，继续前行就好。从长远来看，最重要的是孩子的品格。

品格是第一位的

品格是重中之重，当没有旁人注视、监督你的时候，你表现出来的才是真正的你。

品格是从伴随你成长的父母那里耳濡目染而养成的，品格也可以通过人生中的种种教训学到。我在本书中推荐的以行动为导向的教育方法，长远来看，能持续地帮助孩子提升品格。对于业已存在的良好品格，可以不着痕迹地从正面巩固："我很高兴你帮助了那个女孩。你看到她确实需要人帮忙，就去帮了她。"而不良的品格需要立刻处理："我无意中听到了你对弟弟说的话，很不厚道，你是在欺负他。这在我们家是不允许的。你要立即向弟弟道歉。"

金无足赤，人无完人。品格高尚并不意味着你是完美的人，而是说明你拥有一个内在标准，关心他人胜过关心自己。

大山还是小丘？

以下的情形是"大山"还是"小丘"？在你认为正确的答案前画"√"。

·兰迪 17 岁，穿着松松垮垮的裤子，戴着耳钉，还留了一头乱糟糟的长发，把他妈妈都气坏了。不过他会帮妈妈拎购物袋，在学校成绩不错，分数大多是 B，还在教堂的乐队里担任吉他手。

　　　　　　　　　　○ **大山**　　○ **小丘**

·山姆快 13 岁了，他是个安静、害羞的男孩，大多数时间都待在自己的房间里。但是最近他的成绩一落千丈，性格也变了。这是青春期激素的影响吗，还是有什么别的原因？

　　　　　　　　　　○ **大山**　　○ **小丘**

·詹妮弗 3 岁，她的父母总是很纳闷，她吃这么少到底是怎么活下来的。她只吃燕麦圈和麦当劳的鸡块。她父母什么办法都试过了，但是都没有办法哄她吃别的东西。

　　　　　　　　　　○ **大山**　　○ **小丘**

·曼迪 9 岁，去年她父母离婚后，她周一到周五和妈妈一起住，周末去爸爸家。现在她每次从爸爸家回来后，都会跟妈妈粗鲁地顶嘴，然后跑进自己的房间，狠狠摔上门。

　　　　　　　　　　○ **大山**　　○ **小丘**

我担任亚利桑那大学教导副主任期间，有一名学生被发现有考试纪律问题，我负责处理那起事件。坦白说，我替那个孩子感到惋惜。根据调查的情况，我可以相当确定地说，他只是在错误的时间出现在错误的地方，确实不是作弊的惯犯，但是被安上了这样一个罪名。于是我把学校聘请来帮助学生的律师的联系方式给了他，鼓励他给律师打电话。那个学生为这件事羞愧难当，第二天一早8点就跑到公用电话亭给律师打电话。律师一直到下午5点左右才有空回电话，而他就一直在电话亭门口等，当时室外温度接近38摄氏度。

那名学生忍受着身体不适等电话，因为对他来说，最不希望发生的事就是让家人蒙羞。他是个聪明的孩子，成绩也一向优异。当品格良好的人陷入困境时，最终让他摆脱困境的还是品格。

看看现在的电影明星，他们惹了事之后会怎么样？当他们被抓到酒后驾车，或者殴打别人的事遭到曝光之后，会有公关人员表达一番歉意："哦，他非常后悔。他准备要去进行康复治疗……"但是他们真的改过自新了吗？

一个真正有着优秀品格的人，如果让别人受了委屈，就会当面向这个人由衷地表达歉意，并询问怎么做才能弥补自己的过失。

你的孩子是否尊重你，是否尊重家人，以及家庭之外的所有人（包括老师）？他打电话有礼貌吗？他诚实吗？他会主动做家庭作业，还是等着你来督促？他守时吗？如果看到其他人在考试中作弊，他会感到困扰吗，还是他已经对此司空见惯？他是那种列出的圣诞礼物清单有高速公路那么长，一直喊"我要！我要！"

的孩子吗？你的孩子善良吗？他会在操场上保护比自己弱小的孩子吗，还是会欺负别人？他珍惜姐姐心爱的东西吗？如果你对他说"不"，他会接受吗，还是会一直逼你，不达目的决不罢休？他使用的语言能让长辈接受吗？他是你们公司会愿意聘用的小伙子吗？

品格不仅重要，而且从长期来看，它是唯一有着深远影响的东西，是态度和行为的基础。

三大成功策略

如果你希望孩子拥有恭敬有礼、友善谦和的态度，端正良好、人人夸赞的行为，表里如一、堂堂正正的品格，请遵循以下三大成功策略：

1. 让现实来教导孩子

"现实教育法"是我在1984年创造的一个术语。它大体的意思是指顺其自然，让孩子自己承担后果。如果问题没有自然地解决，你再出手相助。总而言之，如果孩子因为没承担该承担的责任而产生了后果，不要去帮他收拾残局。

比方说昨晚你儿子没完成化学作业，可不要熬夜帮他做。事实上，你根本就不要去管他，甚至连提都别提，就等着他因为没完成作业而站在严厉的化学老师面前，被老师毫不留情地批评。

这个时候，他就得接受现实的暴击了。

如果你的小女儿跑到姐姐的房间乱翻化妆品，你不要干预，也不要在姐姐回家之前帮她整理好。除非她自己想收拾，否则你就不要插手。静静地等待，看姐姐会说什么，让她们两个自己解决吧。

父母总会在孩子做错事之后帮他们收拾残局。其实在大多数情况下，让现实成为老师来惩戒他们就已经有足够好的效果了。

家长还有一种倾向，就是喜欢翻旧账，在事情都过去了很长时间后，还翻出来打击孩子。要想想，你自己也做错过事，都得到了原谅。要是有人不断提醒你以前的失败，你会感觉如何？

2. 学会理性回应

父母经常会搬起石头砸自己的脚。往往我们会带着情绪去反对孩子，而不是理性地回应他们。当我们的情绪占了上风，说话、做事时就不经过大脑了。

情绪反应和理性回应之间有什么区别？

举个例子。你开着车，女儿毫无来由地跟你说："妈妈，我想要匹小马。"

"什么？"你说，"这是我听过的最傻的话了。我们怎么可能买匹小马！我们住在巴尔的摩的两居室公寓里，连生活费都快付不起了，怎么可能养得起小马，你发什么疯？"

这就是所谓的情绪反应，说话不经过大脑。

而理性回应该是这样的："哦，小马。"（停顿，看起来你似乎也向往着有小马的生活。）"你能想象拥有自己的小马吗？早上起来，给它装上马鞍，然后骑着它上学，而其他小朋友都是走路上学。想象一下，你经过他们身边，骑着马向他们招手。我好像看到了小马的样子，是黑白相间的，哇，太酷了！吃午饭的时候，别的孩子都去自助餐厅了，但是你要先出去照看你的马……"

没错，你们确实住在巴尔的摩的两居室公寓里。但是，为什么要打击孩子的梦想呢？她最终会意识到家里是装不下小马的。

这是一种坚持原则，同时又不会让自己或孩子受伤的方法。不做情绪反应，而是理性回应道："我想听，接着说。"

3. 只有完成 A，才能开始 B

这个策略任何时候都有效，对任何年龄都有效，它放之四海而皆准。如果你让孩子做的事他没有做，无论是什么，在完成前都不能去做后面的事。

假设你让 8 岁的儿子修剪草坪，但显然他没有做。两个小时后，儿子想去宠物商店取你答应给他买的鱼。如果你的儿子 16 岁，他可能会想去朋友家打桌球，他对宠物鱼可不感兴趣。但是无论他想做什么，你只要说："我们不去了。"然后转身走开。

就算是孩子追着你问，也不要透露你卖的是什么关子。让孩子自己去想通，效果会更好。要让你期待的改变发生，关键的因素在于你，而不在于孩子。改变你自己的态度、行为和品格，比改变孩子的态度、行为和品格更重要。

特此声明：当你开始使用这些技巧时，一段时间内，孩子的态度和行为常常会变得更糟。但这实际上是个好消息——这意味着你已经步入了正轨!

　　最重要的是，你要采取始终如一的行动，光说不练可不行。你的目的不是有意让孩子难堪，而是纠正他的行为。该让孩子负责的就要让他负起责任来，而不是你越俎代庖。不用唠叨、不用威胁、不用警告，无须提醒、无须哄骗，也无须辱骂，因为这对谁都没好处。如果你有权奚落孩子，那猜猜他是否也有相同的权利? 这种情况下没有人是赢家，还会造成亲子关系出问题。但是，当你们共同为态度、行为和品格而努力时，就可以逐步建立彼此满意的关系。

总结：星期二做什么？

1. 你对待孩子的态度是什么样的？

2. 你的态度如何通过行为表现？

3. 你对孩子的行为需要做出哪些改变？

4. 你希望自己具有什么样的品格？如何实现？

· 读者反馈 ·

您的"让现实来教导孩子"的原则真说到我心坎里了。很难为情地说，我帮成了年的儿子收拾残局已经太久了。从今天开始，我不能再懦弱下去。

——新罕布什尔州 汉克

七年多来，我总觉得自己当家长当得很失败。夜里我常常想，我是不是就不应该要孩子？为什么我总是这么沮丧？去年，我和我丈夫开始在家教育孩子（在孩子已经让我充满挫败感的情况下，这不是一个明智的计划），这让我很确定自己会失败。就在我们家混乱不堪的时候，我看到了您的教育理念，这大大改变了我们的家。虽然我的两个孩子离完美天使还很远，而且有时候他们仍然像是您说的"贪图享乐的小傻瓜"，但这两个小家伙已经取得了很大的进步。谢谢，再次感谢。

——新斯科舍省 劳拉

我应用您的教育理念一周以来，我的家完全变样了。我的四个孩子之前总跟我顶嘴，现在知道尊重我了。以前，他们还拿我当他们的私人司机。现在，要是他们想去哪儿，都会走过来跟我说："哦，妈妈，我明天能去汉娜家吗？你6点到7点之间送我去就行，回家的时候我可以自己搭车。"这个小小的例子就反映了我们家发生的变化。我现在是一个轻松自由、受人感激的妈妈。

——田纳西州 玛丽安

星期三：培养孩子的品格

展望一下未来的几年，

你希望孩子成为什么样的人？

我深深记得，我们家老大霍莉上八年级的时候，有一次放学回家，说起学校的某某"老女人"，埋怨她是个多么让人讨厌的老师。她的描述让我想象出一位刻板的图书管理员的形象——这位严厉的女士梳着古板的圆发髻，要是你窃窃私语，她会把手指放嘴边做出"嘘！"的动作；或是上了年纪的女学究老师，要是你不遵守纪律，她就会用尺子敲打你的指关节。我想象中，她穿着中跟的黑色系带鞋，跟我以前的老师穿的那种一样。

　　之后，我遇见了霍莉的老师。她是个24岁青春靓丽的姑娘，本科毕业才两年。我忍不住想，这是霍莉口中的那位"老女人"吗？肯定是在开玩笑吧！

　　你看，这就是看待事物角度不同的问题，而角度和观点会随着年龄和情感成熟度而变化。但唯一不变的是，作为家长，你要着手完成一件重要的事，但时间总是不够。就像人们常说的："时不我待。"孩子们长得真是太快了！你会禁不住经常对爱人或朋友感慨："我真的不敢相信安娜已经15岁了！时间都去哪儿了？"

　　时光易逝，你必须好好利用自己拥有的时间。虽然有些时候你做的事又乏味又耗时（例如反复洗衣服、熨衣服），但有时，生活的节奏又快得像要拧断你的脖子，尤其当孩子还很小，容易陷入危险的时候。

但有一点很重要，请一定记住：孩子在某个时间段对你的看法，不一定是他们一辈子对你的看法。**如果你保持冷静，持之以恒，并且总是说话算话，那你就会赢得他们的尊重和信任**，当然这是一个长期的过程，并不是一蹴而就的。

为孩子设立长远的目标

展望一下 5 年、10 年、15 年、20 年后，你希望孩子成为什么样的人？你希望他的工作理念是什么样的？他如何看待自己？他和别人的关系怎么样？他和你的关系又怎么样？

畅销书作家兼商业顾问史蒂芬·科威有着深刻的洞见。他认为，如果你想得到什么，那么一开始就要在头脑中设定好这个目标。

换句话说，如果你希望孩子变得亲切友善，那么现在就要教会他们怎么友善待人。如果你希望孩子长大后是个负责任的人，那么现在就要教会他们怎么担起责任。如果你希望孩子和你共度美好的时光，那么现在就开始为他留出闲暇时间，而不是在各种活动中疲于奔命。

你认为父母愿意看到以下情况的发生吗？

· 亨利 17 岁，刚刚进了戒毒所。

· 米兰达因入店行窃被捕，在监狱里过了一夜。

· 阿曼达和朋友开着摩托车去飙车，结果出了车祸。他们试图从两辆汽车之间冲过去，结果落得个车毁人亡的下场。

· 15 岁的凯莉体重只有 80 斤，在过去的两年里，她一直在和厌食症做斗争。

· 21 岁的杰森因为跟上司顶嘴被炒鱿鱼，这已经是他第三次丢掉工作了。

这些难道只是偶然现象吗？还是在孩子成长过程中，有一些不起眼的小事日积月累，酿成了这些更严重的问题？看看他们的父母回忆时说了什么：

"亨利是那种做事总是很过火的孩子。11 岁时，我发现他和一个朋友在一起抽大麻烟卷，但他对我们的担忧满不在乎，还拿出那副老腔调搪塞我：'爸爸，我只是很好奇。我不会再抽了。'我真是糊涂啊，竟然相信了他，我应该持续关注的。现在我才知道他一直在吸大麻，后来还开始吸冰毒。我还以为他在省钱买车，结果他把工作挣的钱都用来吸毒了。"

"以前米兰达从姐姐的房间里拿东西时，我们从没有质问过她。后来有次我发现她从我的钱包里拿了 20 美元，我还是没有追究，因为她说要去商场买东西。对这些事我应该紧追不舍的。"

"托尼2岁的时候很任性，不服管教，但我那时觉得2岁的孩子就是这样的。你应该听说过'可怕的2岁'这个说法，我以为他长大慢慢就好了。但之后他到了'独立的3岁'，变得更加爱发脾气，先后有两个保姆都辞职了。我当时应该意识到问题的严重性，但是那会儿我还以为是保姆没用。现在我发现原来我才是那个没用的人。孩子要什么我就给什么。当他遇到一个不会由着他性子的人，他就咬他们，保姆也被他咬过。"

"阿曼达一直是个自由自在、很爱社交的孩子。大家都喜欢她，她有很多朋友。但是，她读高二的时候，交的朋友类型变了，那种喜欢聚会、寻求刺激的朋友越来越多。我想这只是一个必经的阶段，阿曼达会慢慢转变回来的。"

"凯莉一直很在乎自己的外表。9岁的时候她有点胖乎乎的。有一天我们去游泳池，她最喜欢的叔叔说她穿着泳衣就显出了'圆圆的小肚子'。在那之后，她总是说自己长得胖。于是她开始节食，还吃很多蔬菜。我当时以为这是件好事，吃蔬菜对身体有好处，对吧？到了11岁的时候，她真的变瘦了，身材苗条动人。后来她越变越瘦，我以为她是到了发育期了（你知道的，孩子们会抽条，变得又高又瘦，之后会胖一些，然后再长高）。

直到有朋友跟我提到她觉得凯莉可能是心理有问题，我才和孩子谈了谈。过去的两年，凯莉一直在进行厌食症的心理咨询和治疗，这是一场艰苦的战斗。虽然她已经瘦得不成样子，但她照镜子的时候总觉得自己还是个胖子。要是当初我能多关注一些小细节就好了。"

"杰森是个多嘴多舌的孩子，什么都要评论几句。但他爸爸和我都不以为然，觉得总有一天他会学乖的。但我看他到现在还没有长记性。现在他没工作没收入，又回到家里和我们住在一起。"

如果你希望孩子长大成为一个身心健康、适应能力强的人，那么你需要意识到自己在这个过程中的重要性。孩子不仅需要你的关注，还需要和你建立起关系的纽带。

你是什么类型的父母？

我经常听到人们说："我可不想成为我父母那样的家长，我讨厌他们的教育方式。但是我一张口，说出来的话跟他们一模一样，我做事的方式也跟他们一样。"这表明家庭教育模式的牢固性——它在我们心中是根深蒂固的。这是因为每个孩子都想取悦父母。每个孩子都渴望得到父母的认可，如果得不到认可，他会无法忍受。对孩子来说，知道父母对他感到失望，是天底下最让人难过的事了。如果这种不认可一直持续，孩子会反抗——也就是"哦，是吗？那我干脆忘了你"的典型综合征。

父母可以分为三种类型，你是什么样的父母，很大程度上决定了孩子回应你的方式——

第一种：溺爱型父母

这句话听起来耳熟吗？

"布福德，你决定要上床睡觉了吗？"

你是否想确保你的孩子永不失败？你是否一直在越俎代庖，帮孩子做他本可以自己做的事情？在孩子人生的每一个转折点，你是否是他最忠实的朋友？你是否很难或根本不可能拒绝孩子？你总是在哄孩子做事吗？如果孩子完成了你要求他做的事，你会给他奖励吗？

溺爱型的父母通常会这样做：

· 给孩子当奴仆。

· 优先考虑孩子，而不是配偶。

· 替孩子大包大揽，剥夺他们的自尊心。

· 为孩子提供"迪士尼乐园"一般的经历：尽可能让孩子不用面对难题，帮孩子做作业，替孩子回答问题等。

· 由于教育理念前后不一致，遭到孩子反抗。

第二种：专制型父母

这句话听起来耳熟吗？

"你马上给我上床！"

你是否觉得自己永远正确？你是否会大声命令孩子，而且要是他不立即照做，你会警告他吗？你是否总是斩钉截铁地告诉孩子应该怎么做人？

专制型的父母通常会这样做：

- 替孩子做所有决定。
- 使用奖励和惩罚来控制孩子的行为。
- 认为自己比孩子强。
- 用铁腕手段管理家庭，很少给孩子自由。

第三种：权威型父母

这句话听起来耳熟吗？

"你刷完牙告诉我，我来给你盖被子。"

得出结论之前，你会询问孩子事情的相关情况以及他们的看法吗？你会给孩子适合其年龄的选择权吗？你是否事事为孩子着想，但允许他们去承担自己行为的后果？

权威型的父母通常会这样做：

· 给孩子选择权，并和他一起制定准则。
· 为孩子提供决策的机会。
· 建立前后一致并充满慈爱的纪律。
· 要求孩子为自己负责。
· 让现实来教导孩子。
· 向孩子表达尊重、自我价值和爱，增强孩子的自
尊心。

作为父母，你会在孩子身上留下不可磨灭的印记，而且经常是在你没有意识到的情况下这样做的。事实是，两种极端（溺爱型和专制型）的父母都会导致孩子叛逆。溺爱型的父母没有制定指导原则，所以孩子们就像没头苍蝇一样不知往哪飞。专制型的父母在所有事情上对孩子都很严厉，而明智的家长会找到中间道路。

假设一个场景：全家人都坐下来准备吃晚餐，而孩子对你做的猪排并不十分感冒。

溺爱型的父母会说："哦，亲爱的，你是想换成芝士汉堡吗？我现在就去给你做。"（而你的爱人这时正看着猪排，想弄明白这是怎么回事。）

专制型的父母会说："把它吃了，猪排对你有好处。而且你最好全部吃完。"

而权威型的父母则会说："我知道猪排不是你的最爱，但这就是我今天做的晚饭。如果你饭后想自己做点别的，那没有问题。但还是谢谢你和我们一起吃晚饭。一家人共进晚餐很重要。"

家长检查单

- 你的育儿风格是：
  ○ 溺爱型　　○ 专制型　　○ 权威型
- 你为什么这么选择？
- 你的父母属于哪种类型？
- 你对自己父母的教育方式是严格遵循还是不接受？你通常是做情绪反应还是理性回应？区别在哪里？

　　是什么造成了这三者之间的差异？

　　最关键的因素是，权威型的父母主要关注的是和孩子的关系，而并非其他。

有了情感联系，才能和孩子讲规则

如果你和孩子没有情感联系，他为什么要在意你的想法？如果无论孩子做什么，都感受不到你的爱和接纳，那么你们之间的关系就不存在。

如果家庭成员之间没有情感纽带，就无法仅仅按照规则经营家庭。如果你试图这样做，那么家里将始终保持对立的紧张关系。你的孩子知道，无论他们说什么、做什么或穿成什么样，你都会扮演法官和陪审团的角色去"审判"他。如果这就是你经营家庭的方式，那么难怪你每次试图和孩子交谈的时候，都会遭到他们本能的反抗。

请注意，在这里我说的是"与孩子交谈"，而不是"问孩子问题"，两者有很大的区别。提问题会让孩子处于心理上的防御状态，正确的做法应该是用开放式的评论回应孩子（即使是要回应一些愚蠢或让人始料不及的话语），例如："我从来没这样想过，接着说。"假设你的孩子和其他年轻人一样想在车上听音乐（我有个"好消息"告诉你：你不会喜欢他听的音乐，就像当年你父母也不喜欢你听的音乐），这时不要皱眉头，而要说："这个节奏很有意思，我喜欢。"这样的评论体现了对孩子的尊重，并且让孩子觉得你愿意和他们谈论任何事。和孩子谈论小事情意味着他们更有可能愿意和你讨论重大的事情。

孩子需要知道你和他们是站在一起的——无论他们做什么，你都爱他们。你可能不喜欢他们做的某些事，但这不会改变你对他们的爱。许多孩子感受到的不是这种情感联系，而是压力。他们之所以顺从是因为受到威吓：父母辱骂他们、对他们发号施令、警告他们必须在学校得到更好的成绩——然后第二天，父母表现得好像什么都没有发生过一样。

这就是为什么父母首先要改变自己的行为，才能期待自己的孩子有所改变。许多父母创造的家庭环境毫无趣味，孩子无可奈何地生活在里面，就像机器人一样（直到他们选择反抗）。然而，你当初为了生育孩子历尽了艰辛，难道要你在孩子成长的过程中给予他关注和欣赏，再花点时间找到教育孩子的正确道路，这样的要求很过分吗？没有建立起情感的联系，单靠规则是行不通的。

你们拥有的可能并不多，但已经足够了

你不需要有博士学位才能教好孩子，也不需要很多钱，其实你已经拥有你所需要的一切了。你知道一个最大的秘密：孩子想要取悦你。如果你对他不满，他会受不了的。他希望你永远站在他那一边。即使孩子有时会白你几眼，还希望你走路的时候离他远点（因为和你走在一起让他觉得尴尬），但上面所说的这些都是真的。

养育孩子这件事，最重要的是你们的情感联系，这种联系要建立在尊重和无条件的爱的基础上。这与你自己是什么样的人以及你对待孩子的方式密切相关。

时不时地给孩子打打广告吧，我就喜欢这么做。前几天出门，我最小的孩子劳伦坐在汽车后座上，我跟她 35 岁的姐姐霍莉说："我真想知道劳伦长大会变成什么样，我敢肯定她一定会变成个很特别的人。"我想让劳伦听到我说的话。我希望她明白我不但喜欢她现在的样子，还期待她未来的表现。大多数父母很少跟孩子谈心，而我很愿意和孩子们交谈，并在和别人聊天的时候夸夸他们。

父母们，你们手里掌握着所有的王牌。你们有银行账户、汽车、房子、生活必需品，还有作为家长的权力。而孩子呢？除了你们给他的，以及他们有朝一日会继承的东西之外，他们什么都没有。

你想给孩子留下什么样的遗产？如果你希望他们健康、独立、善良并乐于奉献，那么现在是时候开始了，而第一步就是改变你自己。

如果你是专制型的父母，就试着放手，给孩子适合其年龄的选择权。你需要培养孩子做出理智的人生决策的能力。毕竟，当孩子到了 32 岁要做决定时，他不会还和你住在一起吧，对吗？当你让孩子们进入广阔的世界，你会希望他们能很好地独立生活，而这是立足于爱、接纳和理解的坚实基础之上的。

因此，请给孩子适合其年龄的选择权吧。当你问孩子"早餐想吃法式吐司还是炒鸡蛋"时，没有任何不妥。不过，你还是需要了解孩子所处的年龄和阶段特点。如果你对一个 4 到 6 岁的孩子说："哦，亲爱的！一个半月后就是你的生日了。到时我们去玩具店看看你想要什么好吗？"那么你创建的场景是失败的。这个年龄的孩子只关注当下，明天太遥远了，一个半月简直像一辈子那么长。他们的感情还不够成熟，无法等待。所以父母们，多动动脑子想想吧。提供给孩子的选择权，一定要适合他们的年龄，才不会让孩子感到沮丧。

如果你是溺爱型的父母，你要做的就是硬气一点，挺直腰杆，做真正的家长，而不是总想成为孩子的朋友，哄他们开心。在生活中，永远保持快乐是不现实的，如果你不断为孩子提供迪士尼乐园般的体验，对孩子也不公平。如果不需要对自己的行为负责，你那贪图享乐的小傻瓜就会长成桀骜不驯的青年，成年之后就是一个爱强词夺理又经常丢饭碗的人。你的孩子会一直喜欢你吗？不会。你成为父母是为了提高你的受欢迎程度吗？如果是这样，那么你需要面对现实。

代价太高，你已不能回头。

所有家长的目标应该是养育对自己和他人有适当尊重，并具有独立思想的孩子。这一点在当今这个崇尚自由的社会中极其重要，从下面这篇毕业典礼演讲就可见一斑。这是美国著名宗教历史学家雅各布·纽斯纳1981年在布朗大学的演讲，放到今天更为适用：

"我们这些老师真的很难从对你们的教育中找到值得骄傲的地方……你们可以和我们争论为什么你们的错不应该算是你们的错，为什么你们平庸的作业能得高分，为什么你们可以为毫无新意、粗制滥造的演讲感到自豪。四年来，我们创造了一个极其宽容的世界，在这个世界中，你们只消付出一丁点的努力就够了。当你们没有按照约定来见老师时，我们就重新给你们约时间。当你们交的作业超出了期限，我们假装不在乎。

为什么？尽管你们有所幻想，但其实我们这么做，并不是因为想得到你们的喜爱，我们只是不想被打扰。最简单的办法就是假装微笑，并且让你们轻松得到B。

很少有教授真正在乎自己是否被那些只在乎同龄人看法的学生所喜欢，这些傻瓜是如此肤浅，以至于认为教授们不重视教育，而在乎是否在学生中受欢迎。其实教授们只是希望摆脱你们而已。所以走吧，把我们教给你的谎言都忘掉。"

家长们，你们对孩子有多在乎？你们能承受什么程度的打扰？你们为孩子的未来建立了什么样的基础？通过你们的教育方式，孩子学到了什么谎言？你们准备将来把孩子培养成什么样的人？

在教育孩子的开始阶段，就在头脑中设定最终目标，始终专注于情感联系，而不是规则。

总结：星期三做什么？

1. 检查一下，你的教育方式属于哪种类型？

2. 你的孩子对这种教育方式有什么回应？

3. 如何调整你的教育方式，使其更加平衡？

4. 你能通过什么方式巩固家庭的情感联系？

· 读者反馈 ·

在这个问题上，我的朋友各种类型都有——从溺爱型到专制型。哦，天哪，您说得真对！权威型才是唯一的正解。我在一家公共福利机构工作了20年，看到了另外两种方法的结果。我很庆幸对自己的孩子选择的是折中的教育方式。我为孩子们感到骄傲。他们现在都拥有了各自的家庭。我和孙子们很亲近。的确，情感联系才是最重要的。

——得克萨斯州 贝尔

您说的放眼长远非常正确。光阴似箭，快得让人难以置信。我的三个孩子刚出生的样子仿佛就在昨天，过个了多久我的老大就要高中毕业了。现在孩子们正处于青春期，我发现您说的"不要问问题"的建议非常有帮助。过去他们常常对我不情愿地嘟囔，但现在我闭上了嘴，反而是他们在开口说话。谢谢！

——内布拉斯加州 夏农

天哪，我很需要有人提醒我把目光放远。我妻子怀孕的时间比我们计划的要早得多，现在我们有一对不到2岁的双胞胎。我们家的生活从傍晚安静的散步变成了学步孩子们的一片混乱。我承认，我是个"云养娃父亲"。一个月前听完您的演讲后，我突然意识到我自己的父亲就是个逃避者，而他在家的时候总是在命令我。我不想成为他那样，所以我干脆什么也不做。我已经向妻子道歉了，告诉她我希望把家庭关系放在首位，我还请她帮忙监督。感谢您让我认清现实。

——伊利诺伊州 杰

一年前，结婚13年的丈夫为了另一个女人离开了我，我得到了两个儿子的完全监护权。每隔一段时间，我都会陷入沮丧，觉得没有足够的时间陪伴孩子（我现在必须全职工作），或者我对他们太严格（他们从爸爸家里回来，我发现他们吃了很多糖果，而且因为睡得很晚，搞得疲惫不堪）。您所说的"妈妈们，你们拥有的可能并不多，但已经足够了"提醒了我，我对孩子们有多重要。谢谢，我需要这样的鼓励来抚养孩子。

——新墨西哥州 塔玛拉

星期四：树立孩子的自我价值

赞美和鼓励是不同的东西，
你的孩子足够聪明，
可以分辨出两者的区别。

我认识一个孩子，他是个天生爱笑爱闹爱搞怪的能手。四年级的时候他被学校开除了，因为他把手伸进裤子里，把手指从裤裆里戳出来，朝着女孩子甩来甩去。他11岁时因"行为无法预测"而被赶出童子军。高三的时候，他被简单的"消费者数学"（是那种给"傻瓜"上的数学课，这样他们好歹能学会买东西算钱）课赶了出来。他受尽众人的嘲笑，只有他母亲一个人相信他长大以后会有所作为。

直到高中英语老师文森特·斯特恩斯进入了他的生活，事情才发生了变化。这位老师不听任何人的闲言碎语，并且明确对学生表达了自己的期望。这个孩子从上学以来几乎都没做过作业，但是他为斯特恩斯先生完成了作业。他第一次接受了挑战，你猜是为什么？因为斯特恩斯先生对这个年轻人的能力充满了期望，即使是成绩最差的学生也能感受到他的热情。

斯特恩斯先生究竟做对了什么？

1. 他提出的期望是明确清晰的，没有误解的可能。

2. 他对孩子寄予了很高的期望，而孩子也拿出了最好的表现。

这个孩子的学习成绩排倒数不要紧，他喜欢插科打诨、吸引眼球也不要紧。老师给了这个年轻人第二次机会。

期望最高，才能得到最好

如今，父母常常过分关注孩子的自尊心。有位母亲说："我希望强尼能自我感觉良好。"那位母亲做了什么呢？她竭尽全力为孩子铺平生活的道路，揽下他本该自己做的事情。

她认为自己是在帮助孩子树立自尊心，但事实上呢？她传递的是负面的信息："我觉得你太蠢了，这些事你自己是没办法做好的，所以我来帮你做。"

这和"话只说一遍"的原则类似。如果你不止一次提醒孩子，其实是在说："你太笨了，说一次我觉得你没听懂，所以我再说一遍。"实际上，只说一次反而能提高孩子把话听进去并执行的概率。许多孩子对妈妈说的话充耳不闻是有充分理由的。如果妈妈们情绪起伏不定，立的规矩也随之反复无常，孩子们为什么还要自找麻烦呢？

替孩子做他们本应该自己做的事情，是对他们的不尊重。相反，让他们自己做，并期待他们能做得最好——这个"最好"会根据具体的事项、孩子的年龄和他们的特殊才能而变化——这才是尊重。每个孩子都能达成你对他们的期望。

不要惧怕把标准定得高一点（很多孩子的潜力远远超出了你的想象），但也不要太不切实际。如果你儿子的成绩经常是D，经过努力学习，他拿回家的成绩是若干个C和2个B，那就值得庆祝了！如果你4岁的女儿决定自己打扫房间，尽管做得没有你希望的那么干净，但也请告诉她，你很感激她这么体贴，能自己打扫屋子。（但不要跟在她身后，把她没扫干净的地方再打扫一遍）。

这是否意味着你永远不去帮助孩子？不是的。如果生活是一次航海之旅，那么你就是这艘"美满家庭号"的船长。像所有优秀的船长一样，你需要为你的船负责，需要了解暗礁在哪里，你还必须设定方向，知道该在哪个港口停靠。有时候，一些乘客会从船上掉下去，但是你不会眼睁睁地看着他们淹死，而是会丢给他们救生衣，全力救援他们。

自尊和自我价值是不同的东西

孩子对自己"感觉良好"（自尊），与拥有真实的自我价值之间存在很大差异。如今，许多父母过于关心孩子的自尊心，希望他们时时对自己和所做的一切感觉良好。你不希望他们人生的大海中掀起任何波浪对吧？这些小宝贝都不需要学游泳了，因为他们压根就用不着下水。

让孩子感觉良好很容易，只要随时随地给他想要的一切就行了。但是，如果你这么做，你那贪图享受的小傻瓜就掌握了主动，继而愈演愈烈。他会希望你满足他的一切愿望，这种行为通常会持续到二十到三十多岁。有趣的是，在我的研讨会上，有十位妈妈谈起了做母亲的压力，其中有两位的孩子已经到了读大学甚至大学毕业的年龄，还跟父母生活在一起。我称他们为"回旋镖孩子"。这样的孩子自我感觉很好，因为父母总是照顾着他们。当这些孩子成年，需要自己开天辟地的时候，父母似乎还停留在原地，继续照顾着他们。

在教育子女的艺术中，很重要的一条就是知道何时该划清界限，何时该推孩子一把。那些仍然生活在父母家里的成年子女绝对需要推一把，才能跨出家门，踏入现实世界。

你是否知道为人父母的职责并不是要让孩子快乐？实际上，不快乐的孩子才是健康的孩子。让我们这样来看待问题：如果你觉得幸福快乐，一切顺利，你是否还有动力去做出改变？没有。只有当事情进展不顺利时，你才开始评估：嗯，这个行不通，也许下次我该尝试另一种办法。对你的孩子来说也一样。当孩子因为做错了事，或者因为你没有满足他的愿望而感到不开心的时候，他才会有动力去做出改变。这就是为什么"先要完成 A，才能开始 B"的原则如此有效。孩子是侥幸逃脱，还是受到了应有的惩罚，取决于你在多大程度上执行了本书的原则。

感觉良好是暂时的。它凭的是感觉，而感觉是会随时变化的。一个孩子得到自己想要的玩具时会感觉很好，但是当孩子通过付出辛勤劳动挣得玩具，并真正拥有它时，才能建立真正的自我价值。孩子会想：哇，这是我自己努力做到的。这就是这个方法奏效的原因。提供各种机会，让孩子学会竭尽全力，懂得负起责任。有了这样的经历后，你才能帮助他们建立起健全的自我价值。

自我价值的三大支柱

我们已经讨论了"态度、行为和品格"（Attitude, Behavior, Character）这组 ABC 原则，以及它们在孩子人生中的重要性。现在，还有第二组 ABC 原则：

- 接纳 （Acceptance）
- 归属 （Belonging）
- 能力 （Competence）

这是所有人自我价值的三大支柱。

1. 无条件的接纳

请记住，孩子渴望得到你的认可。你无条件地接纳孩子对他的成长至关重要。孩子不会辜负你对他的期望。如果你的言行表现出的想法是**"你是我见过的最笨的孩子"**，那么你的孩子自我价值将非常低，会觉得自己一事无成。如果你的言行表现出的想法是**"嘿，孩子，努力吧，我知道你能行"**，你就是在帮孩子建立健全的自我价值。区区一句赞美就能让孩子情绪高涨许久。但是请注意，赞美必须是真实的，不是为了让孩子感觉更好而编造的。任何孩子都能一眼看穿你的谎话："哦，明白了，原来我是个彻彻底底的失败者。爸爸妈妈也是这么想的。我爸甚至想不出一个我值得表扬的地方，就是这样的。"然后孩子就真的变成你们担心的那个样子了。

如果孩子没有在家里得到无条件的接纳，他跟你的沟通就会越来越少，或者根本不跟你说话。他会埋头听音乐，晚饭时宁可玩 iPad 也不和你聊天，还会跟朋友发信息，互相抱怨不公平的家规和讨厌的父母。你看，孩子会接纳朋友真正的样子，他们不会因为谁染了蓝头发（他们认为这很酷）、戴鼻环（反正他们自己也有）或者穿松松垮垮的阔腿裤（拜托系上根皮带吧）而讨厌他们。

事实上，虽然同龄人对孩子的影响很大，但想想看，如果你 11 岁的孩子拥有什么东西的话，不都是你这个家长给他买的吗——哪怕是一块肥皂、一把牙刷，都是你买给他的。孩子比他们看上去要更加无助。这就是为什么"先要完成 A，才能开始 B"的原则这么有效的原因。

无条件接纳孩子，是否意味着接受他所做的一切？不，因为我们前面已经说过，孩子会做出相当愚蠢的事情。坦率地说，有的时候孩子确实不讨人喜欢，但你还是能表达无条件的爱和接纳。如果你这样做了，他在同龄人中寻求接纳的可能性就会低得多。

2. 为孩子营造归属感

每个孩子都需要有所归属。这个归属感是家人还是他的同龄人给的？洛杉矶中南部的帮派现象之所以愈演愈烈，就是因为这些帮派给加入的孩子们提供了归属感。那里有一种身份认同，是孩子在家无法得到的。

从一开始，就要把你的家打造成为有归属感的地方，有什么事都要一家人共同做决定。倾听其他家庭成员的想法。无论参加什么活动都要互相支持。与其在大量的课外活动中奔波，不如明智地进行筛选，以留出家庭活动的时间。不要错过家庭晚餐或全家度假的机会。朋友来来去去，但家人始终相伴。你需要通过你的行动说明："我们是一家人，我们属于彼此。"

15岁的梅兰妮交了新朋友，朋友问她是不是要抽烟，她这样说："不，谢谢。我们克雷本家的人都不抽烟。"因为梅兰妮有很强的家庭归属感，所以她不需要香烟，她对自己很满意。接纳与归属感深深植根于她的性格中，因为她的家人首先关注家庭生活，之后才关注家庭以外的活动。她知道自己是谁：她是克雷本家的人。

你的孩子知道自己的归属在哪儿吗？如果你的家没有"归属感"，那么也就不存在"情感联系"。而如果情感联系缺失的话，你的规则、话语和行动就没有任何意义。你和孩子之间的裂痕会驱使他们到家庭之外的地方去寻找接纳和归属。

3. 让孩子负起责任，从而提高能力

想要提高孩子的能力吗？那就让他们承担起责任来。当你的孩子主动完成任务，无论是喂狗、修自行车还是做晚饭，你都应该说："干得好！你自己肯定也感觉还不错吧。"（你看，如果使用得当，你会发现短暂的"感觉良好"也会激励孩子）。的确如此，因为孩子独立完成了一件事，他应该为自己的成就感到自豪。

作为父母，我们要为孩子设定目标，让他们去创造和超越，然后我们站在一旁说"干得好！"这就是在激励孩子的能力。这时孩子会怎么想？"嘿，我能做到。爸爸妈妈相信我能做到，他们觉得我能做到最好，那我就证明给他们看。"

当你为孩子包办一切时，孩子是不会成长的。只有当他为一个项目做出贡献，或者独立完成了项目，才能建立起真正的自我价值，这些"项目"可以包括年幼的小孩从冰箱里拿出自己的饮料或者做了一个果酱三明治，一个7岁的孩子自己动手做带去学校的午饭，或者一个刚拿到驾照的16岁孩子开车去帮你购物。当你允许孩子变得能干时，他们就会变得能干。如果他们失败了呢？下次他们就会试着换一种方法。随着承担的责任越来越大，他们对自己的能力也越来越有信心。这就是孩子们长大成人后，成为健全又有能力的社会成员的途径。

孩子渴望得到你的接纳，盼望获得家庭归属感，也期望拥有能力。如果他们无法从你这里得到这些，就会去同龄人中寻找。你对孩子的重要性比你想象的还要大得多，因此你的教育方式也比你想象的重要得多。

把赞美变成鼓励

你有没有见过那种对孩子赞不绝口的妈妈?

"哦,伊桑,你真是个乖孩子! 这次数学考了 A! 哦,太好了! 我要马上告诉你爸爸,我敢肯定他会带你出去吃冰激凌的。"

"你真聪明,自己用乐高积木搭了一座塔!"

"你这么做真是太棒了,我等不及要让邻居们瞧瞧。"

"你穿那条裙子真漂亮。"

如果我现在出门,去问任何一位家长,"父母称赞孩子是件好事吗?"我敢打赌,他们每个人都会说"是"。但是他们错了。

赞美对孩子并无益处。因为在大多数情况下,赞美是违心的,是竭尽全力让孩子感觉良好而已,而孩子们足够聪明,完全能分辨你的赞美是不是真心。用"好"或"美"与孩子如何完成某项任务联系起来绝不是个好主意。如果孩子没有做好,那他就"坏"或者"丑"了吗?

你明白我的意思了吧?

赞美将孩子的价值与他所做的事情联系在一起。对孩子而言,这意味着:"哦,如果我不能总是把事情做'好',那我就一文不值。爸爸妈妈不会再爱我了。"

于是我们又回到了自我价值的三大支柱:接纳、归属和能力。无论做什么,孩子都必须感到无条件的接纳,要知道他们将永远属于这个家,并通过学习让自己变得有能力。然而,所有这些支柱都可能被虚假的称赞打倒。

所以，不要赞美，而是要去鼓励你的孩子。鼓励强调的是行为，而不是人本身。前面那些话如果以鼓励的方式来说就是：

"哦，伊桑，你数学考了 A。我知道你在这门课上特别努力，现在你的付出确实取得了回报。你一定要告诉爸爸，他也会很高兴的。"

"我很喜欢你搭的乐高积木造型。非常有创意，也很有趣，而且是你独立完成的。你接下来想搭点什么？"

"昨天买衣服的时候，你选得真好。这条裙子穿在你身上很漂亮，你真有眼光。"

看到有什么不同了吗？区别可能看起来很微妙，但给孩子的感受却大不相同。当你鼓励孩子的行为时，你是鼓励孩子发展能力，并尝试不一样的事情，因为他在这件事上已经取得了成功。渐渐地，你的鼓励就会帮助他建立起坚实的自我价值的核心基础，而这种自我价值将伴随着孩子走过人生中的波折起伏，也能帮助他们抵抗来自同龄人的负面压力。

所以，下次你女儿在音乐节上进行了精彩的钢琴演奏时，你要说："哦，亲爱的，你一定对自己的表现很满意吧？为了演奏准确无误，你可下了不少功夫，弹得真是太棒了！"当孩子下次在足球比赛中进球时，请说："我看得出来你一直在刻苦训练，但你的汗水都得到了回报，对吗？"

不要用"你是天底下最棒的孩子"这样的话来称赞孩子。

如果他不是"最棒"的时候又会怎么样呢？而且当他环顾四周，发现自己并不是最棒的，就会明白你是在撒谎让他开心。这会造成你们关系的裂痕："嗯，我还能相信爸爸的话吗？他是在哄我呢。"

相反，你要去鼓励孩子的行为，说："昨天我注意到，你发现弟弟还不会系鞋带就帮了他。你不是直接帮他系好，而是教他怎么做，还鼓励了他，告诉他下次就会简单多了。太好了，亲爱的。我很感激，你是个心地善良的孩子。"

这种鼓励不仅能激励孩子，而且进一步巩固了他们的自我价值的三大支柱。

还记得本章开头提到的孩子吗？那个爱闹腾、爱搞怪，没人觉得他会出人头地，只有他妈妈才对他有信心的孩子？即使那个孩子总是不思上进、惹是生非，他的父母也无条件地接纳了他，给了他充足的归属感，为他的自我价值奠定了坚实的基础。虽然在成长中他多次触及父母的底线，母亲也因此长出许多白发，但这个孩子一直都明白他是家庭的一分子，并且在其中扮演着重要的角色。当他每次考试不及格，母亲虽然会叹息，但还是会继续鼓励他要努力。直到孩子遇到像斯特恩斯先生这样的老师之后，他的能力才开始成长。对于他母亲来说，等待的过程很漫长，但她从未放弃。

我怎么知道得那么清楚？

因为那个孩子就是我。

总结：星期四做什么？

1. 如何能向孩子证明你无条件接纳他？

2. 如何增强家人的归属感？

3. 可以通过什么方式激发孩子的能力？

4. 考虑赞美与鼓励之间的区别。今天你能对孩子说哪些真正鼓舞人心的话语？

· 读者反馈 ·

我在幼儿园当老师三年了，当我听到您的这些理论时，作为一名妈妈，同时也是老师的我感到无比激动。我迫不及待想在开学第一天给父母的信中把您的书列为"推荐读物"。我还要向他们解释接纳、归属和能力的三大支柱，以及赞美与鼓励之间的差异。您的书让我能和父母讨论孩子上学过程中遇到的棘手问题。尤其是当我了解到班上的二十个孩子里有两个在附近的学前班被称为"问题学生"时，我隐隐有一种感觉，知道他们为什么"有问题"了。

——佐治亚州 特里西亚

我女儿昨天打来电话,养育五个孩子(分别是10岁、6岁、4岁、3岁和3个月)让她感到压力山大,她说需要我的鼓励。根据您的理论,我和她分享了她做得好的方面,并鼓励她要采取长远眼光……另外还建议她在丈夫回家后好好泡个澡。

——加利福尼亚州 哈里特

我离婚一年半,有两个小孩。由于我对孩子们没有父亲这件事怀有歉意,所以总是竭尽全力去称赞他们所做的一切。感谢您告诉了我赞美和鼓励之间的区别。从现在开始,我要多鼓励我的儿子们,而不是称赞他们。而且,我要努力践行ABC三大原则,而不是为无法给予他们一切感到内疚。

——亚利桑那州 珍娜

您关于接纳、归属和能力的论述真是一语中的。回忆我的童年,在我脑海中一直挥之不去的是别人讥笑我的画面。我从来没有意识到,我溺爱型的教育方式是源于我小时候的自我感觉不够良好。父母对我很少表现出慈爱,印象中仅有的几次他们表扬了我,但是我从来没有受到过鼓励。现在,我知道了两者的区别,我会尽力鼓励女儿。我之前的做法都错了,但现在我要争取做好。听您的演讲让我在治愈自己的过程中迈出了巨大的一步,也鼓励了我要向前看!

——亚拉巴马州 玛尔塔

星期五：制订战略方针和通盘计划

是时候制订你的战略方针和通盘计划了。

你的口号是：

"我巴不得孩子现在就调皮捣蛋，

因为我已经准备好开战了！"

在过去的四天里，我们一直在为你家里的重大变革做准备。你每天都在衡量和评估，想着如何启动这个重大的变化。今天是制订战略方针和通盘计划的时间了。属于家长的快乐日即将来临！

但首先让我们回顾一下之前学到的原则，掌握好它们，你就掌握了这场冒险之旅成功的关键。

·星期一

为了让孩子知道你是认真的（也为了保持冷静和理性）：

1.只说一遍。

2.转身。

3.走开。

·星期二

ABC 三原则：

1.态度

2.行为

3.品格

你现在了解了孩子的态度源自何处，并且也对着镜子检查了自己的态度。你已经明白，了解孩子行为的目的至关重要。你下定决心，要态度坚定地培养孩子的品格。

你还应牢记三大简单的成功策略：

1.让现实来教导孩子。

2.不做情绪反应，学会理性回应。

3.先要完成 A，才能开始 B。

· 星期三

在教育孩子的征途上，你要把眼光放得长远一些。

你已经对自己做出了评估，明白了自己属于哪个类型的家长：

1.溺爱型

2.专制型

3.权威型

对于你的教育风格会怎样影响孩子回应你的方式，你心里已经有数了。你正在努力修正自己的态度、行为和品格，以给孩子更大的帮助。

你已经决定要首先关注与孩子的情感联系，因为如果不存在这种联系，任何家庭规则都不会起作用。

你还决定了不要小题大做，并在战略上确定了哪些领域需要重点解决（阅读后文"向莱曼博士提问"部分会对你大有帮助）。

· 星期四

你了解了自我感觉良好与真正的自我价值之间的区别。你在思考如何帮助孩子树立自我价值的三大支柱：

    1. 接纳

    2. 归属

    3. 能力

你决心从赞美孩子（聚焦于他或她是不是一个"好孩子"、是不是"很棒"）转变为鼓励孩子（聚焦于孩子做了哪些具体的行为）。

好了，你都记住了吗？

你的战略方针是什么？

今天是你下定决心，展开行动的一天，你要对毫无戒心的孩子执行你的行动计划。请记住，不要给孩子警告、威胁和解释——

只要行动并坚持到底。最重要的是，不要退缩、不要认输。孩子需要知道你是认真的，否则你将无功而返。开展行动后，如果你花了不止一个星期的时间才改变孩子的态度、行为和品格，那你就需要复习这些关键原则了。当然，从前任性妄为的孩子可能会极难调教，但是请这样看问题：如果你的孩子不做出改变，那么他的这段青春期会白白荒废，他未来将一事无成。**请记住，先要完成 A，才能开始 B**。在这样的原则下，即使是最任性的孩子也坚持不了多久。无论如何，家庭是第一位的。因此，如果家里出现问题，在问题解决之前，其他事情都可以先放到一边。

现在不是退缩的时候，不能做胆小怕事的软骨头。请你挺起腰杆，像个家长的样。

做到这一切容易吗？不，这会是日复一日的战斗。你懂我的意思。当你开始应用这些原则，孩子的行为在一段时间里反而会变得更糟。这有点像在小溪里钓鱼，当鱼挂上钩时，它会试图跃出水面，来回扑腾，希望脱钩。你也可以想象孩子会有这种"出水之鱼"般的反应，他们会疯狂地挣扎出水面，怒不可遏。

但是，如果你和渔夫聊过，他会告诉你，如果要钓到鱼，你得拉紧手上的鱼线，不能有一点点放松，一旦松了，鱼不仅会跳出水面，还会用下颌去蹭小溪水底的石头，挣扎着想要摆脱钩子。为了钓到鱼，你必须让鱼线时刻绷紧。如果你没有抓紧鱼竿，鱼往水深处拽，线就会松，给了鱼脱钩的机会后想要再钓到鱼就难了。

好消息是，如果你的孩子在出水的时候拼命挣扎摔打，就说明你已经走上正道了。

对家里的问题进行诊断

现在由你来扮演心理医生。思考一下家里目前遇到的问题，像医生一样提出并回答以下问题：

1. 发生了什么样的情况？

2. 你如何诊断？

3. 这种行为的目的是什么？

4. 你对此行为有何看法？

5. 你过去通常会做什么？

6. 现在你将做出什么改变？这是谁的问题？你是把球留在了孩子的球场上，还是试图自己运球？

始终如一才是制胜关键

请记住，孩子的行为服务于他想达成的某个目的。行为会引起你的注意，并为他提供权力（"我会让你看到的"）。随着孩子的权力越来越大，他对你的轻视也会与日俱增。毕竟，如果他可以控制你，为什么还要尊重你？于是你失去了在家中的权威性。

孩子淘气任性是有原因的，认识到这一点很重要。最根本的是他需要与你建立情感联系。无论孩子是 3 岁、13 岁还是 23 岁，你若保持始终如一的态度、行为和品格，就会让孩子产生满足感。他会知道，家庭规则不会因为你的心情或生活环境的变化而改变。

了解了本书的基本理念后，你就不再需要心理医生了，因为你自己就能胜任。有时候，与其花大价钱去找心理医生"解决家庭问题"，不如和家人一起出去旅行。现在有太多的父母花钱让心理医生给孩子开药，其实孩子真正需要的只是父母的陪伴和关注。

成功的十大要诀

希望到星期五的时候让孩子焕然一新吗？以下是成功的十大要诀：

1. 你的行为要 100% 前后一致

如果你前九次都遵循了原则，而第十次没有做到，就会前功尽弃。可以这样说：你正在尝试开辟一条全新的、与以往不同的人生道路。你正在重新锻造你的孩子和你自己，让你们的行为有所改变。你需要让孩子知道你是认真的。

2. 言出必行

无论在什么情况下，都要做到言出必行，永远、永远不能退缩，也别当懦夫，这样对你和孩子没有任何好处。实际上，这会让孩子和你处于一种对抗状态，孩子会想，"嘿，她什么时候是认真的，什么时候又不是呢？"

3. 学会理性回应，不做情绪反应

要用行动证明，而不是空口白话。信口开河只会给你带来麻烦。因此请闭上嘴，好好思考。用理性回应发生的情况，而不是直接做出情绪反应。

4. 数到 10，然后问自己："在这种情况下，以前的我会做什么？现在的我该怎么办？"

假设你家里的几个孩子九年以来一直打打闹闹，以前的你是怎么说怎么做的？现在的你会怎么处理？

5. 切勿威胁孩子

威胁的问题在于，孩子知道我们其实并不是来真的，因为我们很少真的去实行那些威胁的话。更要命的是，我们的威胁常常是没有道理的："好吧，你这辈子都别想吃糖了！""你要是还不从椅子上下来，我会拧断你的脖子！"即使孩子再小，他也清楚威胁背后没有任何行动，也不会成真。

6. 如果生气了，要马上道歉

只要一生气，就可能前功尽弃，一切归零重来。我理解生气是因为有导火索——孩子会做那些让你火冒三丈的事。但在这些事情中，你是成年人，最终决定什么时候生气的人是你自己。不要让孩

子控制你的情绪。如果你生气了，爆发的愤怒会整个发泄到孩子身上。当然释放压力的瞬间你会感觉很好，但看看你对孩子做了什么？

人非圣贤，孰能无过。如果你生气了，要马上道歉。比如："亲爱的，对不起。我不应该这么说。"

7. 不要给孩子警告

如果你给孩子警告，其实是在说："你太笨了，所以我得跟你说两遍。"你的目标是让孩子听进去，只听一遍，然后去行动。

8. 问问自己："这是谁的问题？"

不要大包大揽，也不要把责任强加在别人身上。你需要把球放在孩子的球场上。不要代替孩子做他该做的事情。

9. 不要幻想调皮捣蛋的行为会消失

我有条"新闻"要告诉你：想让孩子自己停止调皮捣蛋是不可能的，因为他们从中得到了太多的好处。你必须进行干预，同时贯彻充满慈爱和始终如一的原则。

一家大型航空公司的前首席执行官告诉我，公司曾经给柜台员工 100% 的自主权，可以对处置乘客做出决定。他说："凯文，因为太多的票务代理擅自做主，我们损失了几百万。"航空公司通过惨痛的教训，意识到不能全权放手给机票代理。同样，作为父母，你也不能放任孩子，你是有见识的人，要负责给他们做指导。

假设你们一起去购置秋装，你对孩子说："今年秋天我们花在衣服上的预算就这么多。你想买什么都可以，但是不能超过这个数。"这样，关于用这笔钱买什么衣服，孩子仍然可以自由决定。但是，如果你发现他打算买十二件 T 恤，你可以这么说："T 恤看起来不错，但你可能还需要一件毛衣，还有牛仔裤。"这是在为孩子提供明智的指导。

如果他还是不听你的，可能未来一年每天晚上他都要洗同一条牛仔裤。而如果你的孩子坚持要买不符合你标准的衣服（太紧、太露），这时你的明智指导就应该是说不。

如果你的指导能让孩子在诸如挑衣服的小事情上省去很多麻烦，那么作为父母，就应该在更重要的事情——比如不守规矩的问题上，给孩子提供睿智的指导。

简而言之，宁愿一次性解决火山爆发，也不要面对缓慢的煤气泄漏，寄希望于孩子总有一天能自己想明白。

10. 即使你心里怒不可遏，脸上也要始终保持微笑。

准备好，启动你的计划吧

一位参加了我的讲座的女士告诉我："我对家人做事的方式烦透了。孩子们待我像奴隶和快餐厨子一样。我做什么他们都不喜欢，还一直抱怨。这样的日子已经持续好多年了，我真是受不了了。"

这个可怜的女人曾经参加过海军训练营，这么多年来她一直含辛茹苦操持这个家，可家人觉得理所当然。但是不能再这样下去了。

我对她说的是："女士，你必须罢工。一个星期不要做晚饭，每天晚上出去，自己一个人吃点东西。要是孩子问你去哪儿，只要跟他们说'我要出去'。回家之后，别洗衣服，别喊他们起床上学，也别做早饭、中饭。要让他们意识到，你不是他们的奴隶，你是他们的母亲。如果他们问起来，你就说：'我烦透了给你们干活。在我看到你们做出努力之前，我要罢工。'你就等着看孩子们脸上震惊的表情吧。"

你会发现，很多时候作为父母，你们对孩子好得过头了，你们为孩子做了太多事情。在快乐日这一天，你得使用"先完成 A，才能开始 B"的原则进行平衡。

这不是高深的科学，任何父母都可以做到。孩子需要你开始行动，这样你们的家才能成为其应有的状态——一个充满爱心、尊重和对各自行为负责的地方。

现在启动你的计划吧，坚持到底。你的口号应该是："我巴不得孩子现在就调皮捣蛋，因为我已经准备好开战了！"

放手去做吧！

总结：星期五做什么？

1. 回顾关键原则。
2. 确定你要解决的"大山"问题。
3. 想想你通常的反应是什么，现在要如何回应。
4. 准备好，预备，开始！

·读者反馈·

　　我有两个女儿，分别是7岁和4岁，一段时间以来，我一直在跟她们做斗争，感到非常沮丧。我觉得自己是个完完全全的失败者，因为我总是在对她们大吼大叫，之后作为妈妈又感到难以抑制的内疚。我们家垃圾食品的数量之多，就表明了我有多内疚。现在，您为我提供了真正实用且易于遵循的原则。我知道往后的路还会有坎坷，但我已经下定决心坚持下去。

——安大略州 罗宾

　　今天我启动了行动计划。我翘首以盼快乐日的到来。我决定这一切结束后要自己去吃冰激凌庆贺一番——不带小孩。您的建议是无价之宝，正是我所需要的。您和任何其他教育专家都不一样，让我收获了前所未有的共鸣和理解。您的幽默和现身说法，让我这样的普通人感到安心。

——俄亥俄州 马克

我的生活变得和以前完全不一样了，我和孩子的关系也得到了改变。而且，我承认自己和丈夫之间的关系发生了变化，我不再因为孩子而神经紧绷。非常感谢您！我丈夫也想让我替他谢谢您。

——伊利诺伊州 梅利莎

自从伊丽莎白年满 13 岁之后，整整两年来，这是我第一次看到了希望，还有了一份行动计划。

——纽约州 卡拉

第二部分

向莱曼博士提问

嘘！这是个秘密！

想要成为好父母，拥有好孩子？下面这些是货真价实的秘籍：

查找相应的问题，但不要向孩子透露你在做什么。

如果你有十分钟可以面对面向我提问，没人能听到我们的谈话，那么关于教育孩子，你最想弄明白的一件事是什么？为什么？

在过去的四十年里，我很欣慰自己帮助了众多家庭变得美满，我也希望看到你的家庭美满幸福。因此，在本章节中，请允许我成为你的私人心理医生。在你查阅目前家庭面临的问题时，我会像医生那样侧耳倾听，为你提供及时且有效的建议。

现在思考一下自己的处境。问问你自己：

1. 孩子行为的目的是什么？

2. 作为父母，你在这种情况下有何感受？

3. 这种行为是"大山"还是"小丘"？

这些问题的答案能帮助你制订属于你们家的行动计划。如果问题只是"小丘",快刀斩乱麻即可解决;如果问题是"大山",那么风险因素会显著升高。你必须妥善处理,因为它会影响家庭成员的互动状况,以及你和孩子的幸福感。

下面我列出了目前很多家庭面临的最棘手的问题,如果你需要"育儿速成课",直接阅读本章节即可。不过,请牢记这个秘密:不要让孩子知道你的计划。你要对自己做的事保守秘密,直到"快乐日"那一天。**在这个过程中不要警告孩子,也不能允许自己懦弱。一旦启动了行动计划,退缩只会让你回到原点。**

你**能**成为优秀的父母。你**能**拥有出色的孩子。

所以,赶快开始吧,全身心投入。快乐日在等着你。

性格问题

1. 害羞

"她一个朋友都没有,因为她不跟任何人说话。她真的很害羞。"

你知道吗?特别害羞的孩子其实非常强势。**害羞实际上是孩子确保大人顺着他们意愿做事的一种方式。这也是一种操控。**

也许小安妮会说她太害羞了，不敢去公园的沙坑里和其他孩子一起玩。那么她隐含的意思是什么呢？"爸爸，我不想一个人过去。我不知道该说什么，我不想也不敢尝试，我想让你带着我去，帮我跟他们说说。"但是从长远来看，这对小安妮有什么好处吗？

要成为积极向上的成年人，孩子们需要学习如何与他人相处。这意味着要与他人沟通。如果父母总是把自己夹在中间，包办代劳，替孩子扫除障碍，那么你的孩子永远学不会和人交流。

在公园里，父亲应该怎么回应他的小安妮呢？他可以说："哦，太可惜了，安妮。我本来觉得今天是个好天气，就想着带你出来玩，那些孩子看起来也玩得很开心。之所以带你来这儿，就是想着你能好好玩，我也能做点自己的工作。现在我们还是回家好了，我在家也能工作。"

95% 的情况下，这些话会促使小安妮主动过去和那些小朋友玩。为什么？因为她心里其实是不愿意回家的。她也想和那些孩子一起玩。只不过她希望一切如她所愿，而且自己一分力气也不必花。

聪明的父母可不吃这一套。

前几天，我无意中听到两个二年级学生之间的一次有意思的谈话，他们正在去一家敬老院的路上，学校在那儿组织了活动。

其中一个叫吉米的小女孩说："告诉你，我可不会跟那些老年人说话，我害羞。"

另一个叫凯拉的女孩听后，停顿了一下说："你知道什么是害羞吗？我妈妈说害羞就是只考虑自己，不考虑别人，是自私，就是说'我比你更重要'。"

我真想为凯拉喝彩，特别是当我看到吉米一脸茫然的时候。

凯拉说得千真万确。害羞的孩子其实是在说"我，我，我"——只不过他们用了一种无声的方式，所以父母往往没有注意到。然而，聪明的父母能看到害羞的真正目的：害羞就是孩子控制别人的工具，以确保事事都顺着自己的心意。(另请参阅第162页"自私")。

2. 固执

孩子并不是一出娘胎就性格固执，而是后天学会的——因为这会给他们带来好处。

比方说，孩子不肯跟你一起去看望他的外公外婆。那么你会怎么做呢？你会围着他苦口婆心地劝："来，别这样，去看外婆也不是那么无聊啊，而且她很想见到你。"

可是孩子仍然拒绝，他固执地摇摇头。

"可是，丹尼尔，平时很少有人陪她，要是你去了，她不知道有多高兴呢。求你了，就去吧！不为别的，就算为了我总行吧？"

到目前为止，你都是在甜言蜜语哄孩子。要是孩子仍旧不答应，下一步要怎么办呢？

"好吧，我知道你不想去，但你要是时不时跟我去看看外婆，我就给你买你想要的那个滑板。"

啊哈，现在孩子的劲头上来了，他答应跟你去。他没有费多大力气就得到了滑板，岂不是很好？

你走开了，觉得自己赢了。可真的是这样吗？你儿子已经知道：只要他坚持上一阵儿，他就是要星星要月亮，你也会给他的。孩子已经把你玩弄于股掌之间，你还默许纵容他。

孩子固执行为的目的是什么？是为了得到自己想要的。所以，千万不要遂了他的愿。否则世界上每个孩子都能想明白，如果他拖的时间足够长，你就会自己一个人去看外婆，或者压根儿就忘了一开始对他的要求。

这就是个试错游戏，而孩子已经掌握了你的答案。你是想让他赢呢，还是想让他承担起自己的责任？

让孩子跟你每月去养老院探望一次外婆，这个要求并不过分。如果他不想去，你就自己去。但是，要是下次他想去什么地方也别开车送他。

记住：先要完成 A，才能开始 B。

3. 懒惰／无责任心

"弗兰克大学毕业后找不到工作，他又回到了家里和我们一起住。因为他在家住，又没有工作，所以我们还继续给他零花钱。但是，他好像把钱都花在了叫外卖比萨以及和哥们儿出去一起玩上面。我一点也没看出来他有找工作的意思。"

"凯莉整个夏天都躺在家里的露台上晒日光浴。现在她还想买上学穿的衣服。暑假刚开始的时候我告诉过她，我们没钱买新衣服了，因为她爸爸的公司正在裁员，也不知道结果会怎么样。她本来可以自己赚点钱的，有人给了她一份很不错的工作，可她就是不想干。"

我想问问你：你是在经营家庭呢，还是在经营旅馆？

如果你的儿子像弗兰克一样，24岁了还和你们住在一起，总是死乞白赖跟你要钱还什么责任都不担，那么你就是在经营旅馆。而你自己呢，正是旅馆的服务员！所以弗兰克为什么还要费力找工作呢？他过得可舒服了。父母把什么都做好了，他乐得出去瞎混吃外卖，不想长大。

我在大学任教时，学生为了偷懒会想出各种各样的借口。有一天，一个身高2米、体重270斤的橄榄球体育生跟我说："莱曼教授，那个小妞本来说要帮我打论文的，可是她没打完。"

我扬了扬眉毛，对他说："我这门课可不接受任何借口。所以按照和鲁宾逊教练商量好的，我要告诉他，你今天不能去训练了。"自此之后，那个大个子橄榄球体育生总会风风火火地跑到教室，先把作业放到我的讲台上再坐下。

有些孩子天生懒惰。他们的父母已经习惯于提醒他们、指导他们，甚至贿赂他们。但是，**这种懒惰的品质可不能惯着，因为孩子需要承担起作为家庭成员的重担，这是他应尽的责任。**

如果你要求孩子做一件事，你应该只说一遍。否则就是不尊重孩子。如果你一再重复说过的话，那么潜台词是："我觉得你又蠢又笨，所以我不得不提醒你好几遍。"

所以下次想让孩子做什么事的时候，就只说一遍。

"肯尼，我想让你今天清理一下车库。"

整整一天，你眼看着肯尼懒洋洋地躺在吊床上，玩着游戏机。到了晚上，车库还是没有打扫。这时你也不要去提醒孩子。

第二天早上9点是少年棒球联盟选拔赛。你的儿子从房里出来，穿好了棒球比赛的全套装备，兴高采烈地扔着棒球，兴奋地说："快点，妈妈！我们该走了！"

"宝贝，我们今天不去参加选拔了。"你不动声色地说。

他一脸惊愕："不去选拔赛了？为什么？"

这时你教育他的机会来了："你爸爸让你打扫车库，我也跟你说过，但是到现在你还什么都没干。"

到了这时，只要你能带孩子去参加选拔赛，他什么都会答应你，包括做一个月的苦力。不过即使这样，你也不要带他去少年棒球联盟的比赛，哪怕是错过了选拔，那也就只能这样了。

只有把车库打扫得让他爸爸满意了，他才能去参加活动。而且，下次再让他打扫车库的时候，他会完成得比以往任何时候都快。

在这整个过程中，家长都不需要贿赂、哄骗和提醒孩子。

如果你觉得这听起来太过严厉，那么让我问问你：你想不想让孩子成为一个有责任心的人？

如果你习惯了总是去提醒和哄骗孩子，那么你以后就一直要这样下去了。可是，等他们读了大学、自己独立居住，并且踏上社会找到一份工作的时候，会怎么样呢？你还能总是追着提醒他吗？

让我们把眼光放长远些。你希望孩子到了 18 岁、20 岁和 30 岁的时候，变成一个什么样的人？

如果你希望孩子是个负责的人，那就给他责任。如果他做不到，你也不要去帮他收拾残局。不要为他清理人生的道路。失败和由此产生的后果可是很好的教训。

请记住，先要完成 A，才能开始 B。

4. 过分小心谨慎

"明迪什么都不敢尝试。"

"戴夫在交作业之前，要一遍又一遍地检查。"

谨慎是件好事，但过度谨慎就不好了，这里的关键词是"过度"。如果你的孩子过度谨慎，那他往往是超级完美主义者。

很多孩子迟迟不肯动手做作业，因为他们怕一旦开动，就会犯错。这些孩子最怕挨批评，所以，父母用批评的方式管教实属最不明智的举动。这样的孩子在生活中，总给自己的脖子套上枷锁："要是做不到这样，我就会……"

孩子这样的担心从何而来呢？就是因为父母对他们只表扬，不鼓励（详见"星期四"一章）。孩子无论做了什么，家长都表扬一通，在这种过度的表扬下，孩子就会想：我只有把事做得完美无缺，才会有人重视我，否则，我就一钱不值。

有件事你可能意想不到：有的孩子表面看起来根本不像完美主义者，他可能经常迟到，房间乱糟糟的，把自己弄得也是邋里邋遢，但抛开这些表象，你会发现他竟然是个完美主义者。没准儿他早早就写完了作业，而且答得都对，可过了一个月之后，老师才在他的课桌里发现这份作业。

"你为什么不交呢？"你问孩子。他不知道该怎么回答，因为他不知道要如何说出心中的恐慌。要是他交了作业，老师就会评分，打上钩或者叉。要是被打上了叉可怎么办？让他怎么受得了？

如果孩子一有点小成绩就表扬他，为他加油叫好，当他考了高分，赢了演讲比赛就给他奖励，那么你就会在孩子身上种下完美主义的种子，让他变得过分谨慎。这种完美主义的迹象可能直到孩子十几二十岁的时候，才会在他身上开花结果，但终究你是会看到的。

有意思的是，这种类型的完美主义在家里的老大或者独生子女身上表现得最为典型。这不难解释，你要知道，他们是以成人作为人生模板的，只有父母可供效仿，没有兄弟姐妹。

这种过度谨慎行为的目的是什么？是为了逃避因为害怕失败而不愿做的事情。处理孩子的过分谨慎和解决其他问题是一样的，最重要的是你和孩子之间的情感联系。你可以把自己的优点和缺点开诚布公，让孩子看到你犯错的时候也敢于自嘲，并不太把自己当回事，不会庸人自扰。而且，当他有作业的时候，你会牵着他的手陪他一起完成，不要让过分谨慎成为完成作业的拦路虎。

当你们一起面对过度谨慎这个问题后，你的孩子会重获自信。他对失败的恐惧会逐渐消减，成功也就会如约而至。

5. 胆小害怕

这样的情景在每个家庭都会发生，你们家也不例外。终于把孩子哄上床，你长长地舒了一口气。可是，仅仅 5 分钟以后，你就看到墙角有一双扑闪扑闪的大眼睛凝望着你，是你们家的老么。

"你怎么又起来啦？"你用最严厉的声音问。

小小的声音颤抖着："我怕黑。"

那么这到底是怎么回事呢？

记住，孩子们是联合起来行动的。而且，如果你们家有好几个孩子，最小的那个就会被派过来打前哨，当替罪羊。这种事情我最清楚不过，因为我小的时候，哥哥和姐姐会怂恿我下床，到客厅去。我就像是实验室里的小白鼠，或者说牺牲品，你怎么说都行。如果他们想吃麦片，他们就会指使我去。

事实是，研究表明，家里面最小的孩子最不可能受到惩罚。他总能逃脱爸爸妈妈的责备，逍遥法外。孩子们很聪明，他们本能地知道这一点。所以 11 岁和 9 岁的哥哥姐姐就唆使 4 岁的孩子跑出房间，而 4 岁的孩子总是傻乎乎地就听话照做了。一旦 4

岁的孩子走了出来，和你谈判成功，走廊上就又会出现两个身影。

"你们两个不在床上待着干什么？"你咆哮道。

他们会说："可是科里起来了呀。"

之后，你就会来到一场夜间派对，而这本应该是你睡觉的时间。

让我们来研究一下孩子到底为什么胆小吧。孩子怕黑的真正原因是什么？是因为夜幕降临，会有鬼魂或者床底下的怪物出现吗？不，**真正的原因是，孩子希望你走进他的房间，他要你陪着他。**这种害怕使他有理由哭泣、尖叫，要求你时时伴随。

所以，你要怎么办呢？

你当然可以进入房间，安慰孩子，其实房间里并没有什么怪物。但是，一旦你进了他的房间，你就失败了。

所以，试试这一招：找个喷雾瓶，里面倒点水和食用色素，然后放在孩子的床边，到了上床睡觉的时间对孩子说："亲爱的，你走运了！今晚我这里有驱龙喷雾剂！只要喷一喷，所有的怪物就都从这里消失了。"

用这样一种办法，你可以教会孩子如何控制自己的恐惧。

我记得我小的时候，一闭上眼睛，就会看到彩色的小圆点。我把它们叫作虫子，然后跟爸爸妈妈喊："我看到虫子了！我看到虫子了！"他们就会夜复一夜地来到房间，安抚我，让我平静下来。但我这么做的目的是什么？是为了在睡觉之前再见到爸爸妈妈。

如果你意识到了这一点，就可以想出像喷雾瓶那样的有创意的解决方案，然后把孩子哄到床上睡觉。

6. 迷迷糊糊

"哦，她就是忘了做。这孩子总是迷迷糊糊的。"

大多数父母都生活在自己的幻想世界里，他们总会找到借口帮孩子开脱。这么做到底意味着什么呢？其实就是，"我的孩子不需要为任何事负责"。

好吧，如果你的孩子都已经21、22岁了，还不承担任何责任，该怎么办？他的老板（如果他有老板的话）会怎么看他？要是他开了你的车，把车子撞坏了却不负责又该怎么办？

为什么我们内心总希望让孩子看起来事事都是赢家？为什么我们总是为孩子没做好的事收拾残局？为什么我们就是不能让孩子负起责任？

我坚信，这是因为现在的很多父母过于懒惰，教育孩子都想着找捷径。他们自己就是在"我、我、我"的观念中长大的，生活依旧在围着自己转，所以他们的孩子才会信马由缰，缺少管教。我还要说，这种父母这么做的时候，还总是打着孩子是"独立的个体"的旗号。

要是你的孩子犯迷糊忘了做作业，就让他第二天自己承受后果。如果你的孩子忘了把自行车从马路边的车道拿回家，结果被偷，那就不要给他买新的。这会给他一个深刻的教训，让他今后很长一段时间都会记得要小心保管财物——尤其是当他的好朋友们希望他一起骑车出去玩，而他必须解释自己的自行车怎么没了的时候（有时候来自同伴的压力能有效地改变孩子的行为）。

只有经历了失败，孩子才能学会勤奋与自律，今后的人生才会获得成功。以迷糊做借口，只能妨碍他们的成长。

孩子总有犯迷糊的时候。有时候他们是因为走神做白日梦而没听到你的指令，有时候干脆就是忘了。但是，任何行为都是有后果的，孩子越早明白这点越好。

7. 健忘

"可我就是忘了！"

孩子们会忘事，每个孩子都这样。他们会忘记做作业，会忘了放学后带单簧管回家。但你不能接受借口，借口只会让弱者变得更弱。

如果 12 岁的珍妮忘记了把单簧管带回家，那么最好的办法就是告诉她："亲爱的，回学校去拿单簧管。"如果你住的城市治安良好，而且孩子走路不到一公里就能回学校，那就让她自己去。如果不是的话，你可能不得不开车送她回到学校。**重点是，不要让忘记成为没有完成任务的借口。**孩子必须学会对自己答应要做的事负责，你不能助长他们健忘的习惯。

健忘不是借口，能够因健忘而受益的只有信用卡公司。当你因为遗忘而逾期付款，他们就能轻松赚钱。他们会在你的信用卡上收取 39 美元（或者更高）的滞纳金，还要加上累积的利息。

8. 爱炫耀

男孩永远是男孩，他们会经常在同伴面前互相展示肌肉。不过，在操场上的一帮男生面前展示肌肉，跟在餐桌上对着你的客人展示肌肉可不是一码事。同样，跟一群男孩子比赛打嗝放屁，和在餐桌上这么干也是有区别的。孩子就是孩子，总会做点糊涂事。最傻气的莫过于那些为了博取女孩子关注而炫耀自己的男孩子。他们总有一天会长大成人——只是仍然会干傻事。

假设你正在陪客人，女儿跑进房间，想用翻跟头来吸引你的注意，你该怎么说呢？"你能不能过会儿再来翻给我看，这样我就能专心致志地欣赏了？"

这样会让大多数孩子偃旗息鼓，因为孩子其实并不喜欢成为众人瞩目的焦点，尽管他们的表现并非如此。

或者，你也可以这么说："宝贝儿，你介意去外头显摆吗？"

不管采用哪种说法，你都是在告诉孩子：你知道他在寻求关注，但是他的做法不合时宜。

有些读者可能会说了："莱曼博士，我怎么能这么做呢？说这种话多让孩子难堪哪！"

好，那么让我问问你：你之所以读这本书，是不是因为你想看到家里的情形有所变化？而我正是要告诉你，怎样在最短的时间内彻底改变孩子的行为。一句难堪的话会毁了孩子吗，还是会促使他学会得体行事，在踏入社会之后能受人接纳？

有的读者会说："哎呀，我可不能这样对孩子。"如果你是这类父母，那么将来你一定还会碰到这种进退两难的困境——而且会很多，因为你在孩子童年时期没有持之以恒地管教他们。以后的事可就不会像在客厅翻跟头这么简单了。

有几年，我在大学给一群攻读硕士学位的教师上课，我直言不讳地告诉他们这个方法："如果你的班上有孩子破坏课堂纪律，你就让学生们放下手头的功课，向那个孩子行五分钟的注目礼，让他得到整个班级的关注。当下课铃声响起时，孩子们习惯性地往门外跑，你要对他们说：'现在我们继续上课，因为大家刚才看蒂莫西同学浪费了五分钟。'然后你就用课间休息的时间继续上五分钟的课。这样，那个爱显摆的孩子就会承受巨大的同伴压力。"

那些心软的人要是听到我这话，可能会愤愤不平。可是，真正尝试过这一招的教师却对它的功效赞不绝口。更神奇的是，这个办法只需用上一次，就能让这种行为彻底销声匿迹。

孩子炫耀卖弄的时候，不妨出其不意地说："能再来一遍吗？我看得出你在寻求关注，所以我想全心全意地关注你。"

我曾经是一个喜欢引人关注的孩子，但这种待遇就连我也望而却步。

9. 爱发牢骚

"可是，老爸……"

"妈妈，他说……"

对于这个话题，我最喜欢的一句俏皮话就是：当你听到太多牢骚的时候，你需要造一个酒窖，把牢骚都扔进去。[1]

事情的真相是，这世界上的确有不少爱发牢骚的人。我见过太多这种人，通常他们都不怎么讨人喜欢。他们的牢骚之所以持续不断，是因为过去他们这么干的时候都得到了好处。**发牢骚的孩子知道这样能让父母妥协，让自己说了算，而我们这些家长就糊里糊涂地掉进了他们的圈套。**一旦我们满足了孩子们的要求，就是在助长他们的牢骚，下一次他们还会变本加厉。

在孩子身上，习惯的力量特别强大。如果你不希望他的某种行为继续下去，在一开始就不要让他养成习惯。绝对不能让牢骚以任何形式出现。牢骚在刚开始时都是很微弱的，然后声音渐渐加强，变成"可是，妈妈！……"

聪明的妈妈或者爸爸会抱起孩子说："如果你想发牢骚，就到外面去发。我可不想听。"

孩子行为的目的是什么？是为了引起你的关注，并得到他想要的东西。当两个目的都无法达到，而且也失去了观众（你）的时

---

1 译者注：英文中的"牢骚"（whine）与"酒"（wine）同音。

候，发牢骚就变得了无意趣了。

10. 爱生气

"迈克从学校回家，就直接跑进房间，狠狠摔上门，然后对着枕头就是一顿猛打。我试着想和他谈谈，但他总是让我走开，说我碍了他的事。"

"每天要睡午觉的时候，珊妮都会抽风，那种如假包换的尖叫抽风。这让我烦透了。她任性地在家里折腾来折腾去，但其实我才是那个真正需要睡午觉的人。"

"蒂姆动不动就发火，他发火的时候，我们全家人都会被他影响。每个人都变得非常非常安静，躲在自己的房间里。在他看来，他才是唯一重要的人。"

"莫妮卡不会大喊大叫，只会生闷气。可我宁愿她大叫，也不愿她对我沉默。"

你们家的气氛怎么样？是被一个愤怒的人控制着吗？有意思的是，一个人生气的时候可以很大声，也可以很安静。无论哪种方式，我相信你都能清楚地看明白是怎么回事。

归根结底，愤怒是为控制他人而作出的一种主动选择。它会把你的想法和情感投射到另一个人上，并试图改变他们的行为。

上述例子中的孩子们发现，生气会给他们带来好处：他们会获得关注、得到想要的东西、大家会替他感到难过。他们之所以会生气，是因为这种有目的的行为让他们成为了家庭的掌舵者。要是没有愤怒，就没有了他们渴望的控制权。因此，他们实际上是故意在发泄暴怒情绪，其潜台词是："快来关注我！"

猜猜他们是从哪儿学到这种行为的？很可能是来自父母（通常是妈妈），这个人总是在取悦他人，希望生活风平浪静，为了保持这种状态，她会尽一切所能，避免刺耳伤人的话语。而孩子就从父母的这种态度中看到了可乘之机。孩子都很聪明，他们知道，无论年龄大小，发脾气都能让他得到他想要的东西，比如同情他这一天过得不顺，给他看电影的钱。在摆布人这方面，你的孩子可是老手。

他是怎么变成这样的呢？坏习惯就像疾病，不会无端出现，它是日积月累慢慢恶化的。当刚出生的妹妹从医院回家时，1 岁半的哥哥或姐姐就开始觉得自己的位置被取代了，于是他／她通过发脾气来确保自己的地位是稳固的。实际上，孩子是在说："嘿，我觉得我被冷落了，难道就没有人关注我吗？"

在这种情况下，大多数父母会怎么说？"别闹了，布福德！你要学着和妹妹好好相处。家里跟以前不一样了，你得赶快适应。"这种话只会加剧孩子的恐惧和失落感。但是如果父母这样说："布福德，快过来。你觉得被冷落了吗？我知道家里有了小妹妹会有一些变化，但是我要告诉你，你对我来说永远都是那么重要。你不必通过发脾气来引起我的注意。只要你愿意，随时都可以到我这儿来让我抱抱你，我会很乐意的。"

愤怒也不见得总是坏事。生活中总有一些不好的事发生，对那些不公平的事感到愤懑无可厚非。就像老师认定你女儿在考试中作弊，给她打了不及格；或者教练认为你的儿子在搞恶作剧，把他汽车的轮胎拆了，所以不让他参加重要比赛。如果你的孩子是无辜的，他被人冤枉了，你生气是很合理正当的。

　　因此，生气本身并没有对错，但处理愤怒的方式却有对错之分。如果孩子在愤怒中爆发，该怎么办？

　　想象一下：你的面前有一个气球，每次生气时，你都把负面情绪吹到气球里。过了一段时间，如果不给气球放气，它就会爆炸；但要是你一点一点地放出空气，气球就能保持伸缩性，不会破裂。

　　这就是我们教育孩子的目标：教他们如何处理愤怒。如果孩子们谈论困扰他们的事情，就像是给气球放气一样。所以，需要让孩子有机会说出他们的烦恼。要用开放式的开场白："你看起来很不开心。""一看你的脸我就知道你有心事。""要是你愿意谈谈，我洗耳恭听。"

　　当孩子开口诉说愤怒的时候，发出的可能是一种可怕的声音，就像气球放气时的声音那样刺耳。**但是请记住你的最终目标：让孩子变得不再脆弱，拥有强大的适应能力。**

　　教你的孩子在描述事情时多用"我"，少用"你"。例如，可以教他说："我觉得你这么做是不尊重我。"而不是"你一直在鄙视我。"或者"姐姐进了我房间还玩了我的东西，她知道我不喜欢这样。"而不是"她真烦人，明明知道我讨厌她玩我的东西，还非要玩。"用"我"这个词表明孩子把重点放在对发生的事情的感受上，而不是去指责别人。这种方法能教会人描述事实，而不是打击报复。它在解决兄弟姐妹的矛盾冲突中也非常有效。（另请参见第 225 页"兄弟姐妹之间的矛盾"。）

11. 爱尖叫

"她尖叫起来真的能把我逼疯。每次听到她叫，我都会蹦起来冲到院子里，以为她出了什么事。"

你需要了解儿童生长发育的一个基本常识：幼儿都会尖叫，这是与生俱来的本能。孩子对人生的探索，不仅包括周围的环境，还包括自己身体运作的方式。14 个月至 2 岁的孩子会发现自己的嗓子能发出声音，更好玩的是，它不但能发出悦耳的声音，还能发出高频的噪声，惹得父母东奔西跑——"我可以尝试一下这个游戏！"

尖叫就像个新玩具，孩子们必须看看是怎么玩的。因此，孩子会尝试某种类型的尖叫，想看看父母对此的反应。如果父母对尖叫的反应过于激烈，孩子就会想："嘿，真有趣，我一尖叫他们就跑过来了。他们手上的动作真好玩，他们的眼神真滑稽，他们脖子上的青筋都冒出来了。嗯，原来这是个游戏，是这么玩的。知道了，让我们再来一次。"

曾经接受过我心理咨询的一对父母对孩子的尖叫一筹莫展。他们有个孩子半夜醒来就会尖叫，吵得整个家六口人都不得安宁。父母为了不让他尖叫，什么法子都试了，但没有任何效果。有一天，家里的其他孩子说："如果我们也对着他尖叫会怎样？"然后他们就真的这么做了。那孩子一脸吃惊，尖叫声变成了咯咯咯的笑声。从此以后，这个家再也没有了半夜三点的尖叫声。有时，非常手段还挺管用的。

关键是，孩子就是爱尖叫，但如果这种行为让他们尝不到甜头，他们就不会继续尖叫了。你急匆匆地跑过去让他们安静下来，反而会加强这种负面行为，因为他们获得了你的关注。除非你的反应过于强烈，否则你的孩子不会把尖叫当作负面行为。

正因如此，我并不会被 2 岁以下孩子的尖叫困扰。这是孩子生长发育并探索身体的必经之路。不过，要是一个十来岁的孩子还在尖叫，那他这么做一定是出于某种原因。这种行为必须被扼杀在萌芽状态，因为它已经从对身体的探索演变成了关于尊重的问题。（详见第 210 页"尊重他人"。）

12. 爱拖延

如果你的孩子总要你不断催促才能做点事情，那么我敢用我的钱包打赌：你的孩子至少有一位完美主义的挑剔父母。这个人是你，还是你爱人？

孩子做事拖拉都是有原因的。**拖延的目的是什么？是保护自己免受批评，因为要是事情根本都没有做，你就无从批评他们。**那么，他们是否有能力胜任这项任务呢？在大多数情况下是有的。但是他们非常害怕批评，以至于没法完成任务。甚至他们会直接跑向任务的终点线，但就在冲刺之前，却又突然转向，去做其他的事情了。他们是冲刺型选手，刚开始状态好的时候声势浩大、气吞山河，一旦遇到点障碍就会马上停下来。如果你们家的孩子就是这种情况，那么你就要思考下关于完美主义的问题了。

这些孩子喜欢囤积各种任务，他们会把自己埋在书和纸堆里，手上还有好些没完成的作业。为什么他们喜欢这样的烂摊子？因为拖延者善于给自己设置障碍。他们总觉得自己达不到要求，比如他们画了一幅画，然后说觉得不够好，当着你的面就把它撕了。他们会做功课，但不上交。在任务临近完成时，他们会戛然而止。

所有这些行为都源于恐惧。**拖延症患者害怕别人的评价，因为他们的父母是完美主义者，设定了很高的标准，以至于孩子永远无法企及。**

很多家庭中，老大通常是成功者，他们成年后会打出全垒打，成为飞行员、民众领导、外科医生等。但是，如果老大的父母过于完美主义，他就可能变成拖延症患者。从老大受到完美主义父母的打击的那一刻起，他的角色就会出现转变。家里的老二将成为超级成功者——一个有着高超的技艺和能力，会自我激励，成熟并掌控人生的人,而长子会在高期望的重压下陷入失败的境地。这种现象在生活中屡见不鲜,特别是在第一胎和第二胎的年龄差距不超过 3 岁的家庭中最为常见。

如果你的孩子认为自己无法达到你的标准,他就干脆不去尝试。或者,他只是浅尝辄止,不会坚持到达终点线。

这就是为什么理解赞美与鼓励之间的差异如此重要。当你称赞孩子时,就和拿着根胡萝卜绑在棍子上,然后在驴子前面晃动是一个道理。"如果你表现好,我就给你根胡萝卜。"可问题是,每当驴试图咬一口胡萝卜时,胡萝卜就往前移动了!如果你是个完美主义的父母,你的孩子就会明白,无论他跳得多高,都不会赢得你的称赞。

赞美把重点放在人身上:"你是世上最了不起的孩子!"而鼓励把重点放在行为上:"谢谢你这么做。这对我很有帮助。"或者"哦,真棒。你在学习上比以前用功,现在确实得到了回报,对吗?做得好!"

完美主义者的父母通过言行举止告诉孩子:"你最好跳起来,跳得再高一些,才能达到我的标准。"这极有可能培养出一个总是在找胡萝卜的人,因为他需要情感上的奖励。

相反,在鼓励而不是赞美环境下长大的孩子,整个生命中都会感受到支持和信任,会对自己有信心。他们会冲过终点,而不会拖延。

13. 爱打岔

孩子总想得到你的关注，特别是在你打电话时，他们的这种愿望最迫切。我想你很了解这套把戏：你躲到屋子的一个角落去和朋友打电话，但是在 25.5 秒之内，孩子一定会跑到你身边，非要你给他什么东西，还一刻都不能耽误。这时你会说什么？"等一下！"然后继续打电话。

又过了 5.5 秒，他拽了一下你的手臂，企图得到你的关注。"马上！"你又说。再过几秒钟，你的孩子就开始痛哭流涕或者大声尖叫了。

这样的行为不仅令人讨厌，而且还是个大问题。和你所面临的其他问题相比，**它看起来似乎并不严重，但确实不可等闲视之。为什么？因为这关乎尊重。**如果孩子不断打扰你（无论你是在工作、打电话还是招待客人吃饭），那么他就是对你不尊重。

当然，有时候孩子确实需要你的关注（例如，你在炉子上煮着什么东西，他们闻到了烧焦的味道）。但是很多时候，他们的打岔仅仅就是打岔而已，这是另一种试图控制你、称霸全家的方式。你应该有一些不受打扰的时间——可以完成工作，和朋友打电话聊天，等等。

那么，除了大喊大叫之外，你还能做什么让孩子明白你的意思呢？（冲孩子大喊大叫肯定是没有用的。）一旦孩子开始"耍猴戏"，你可以继续打电话，但是要把孩子从你打电话的地方带走，并把他们隔离（可以把他们关回房间，甚至关在厨房门外）。对于年幼的孩子，这样过上几分钟就像一辈子那么长。对于年龄较大的孩子来说，你还可以关得更久些。

挂了电话后，你可以跟孩子谈谈他们打岔给你的感觉。"跟桑迪打电话对我来说很重要。她是我的朋友，我喜欢和她聊天。你也喜欢和朋友聊天，对吗？我很不喜欢你在我打电话的时候打扰我，我很生气。我觉得，你打扰我说明你不关心我，也不在乎我的朋友。"

换句话说，就是要先采取行动，行动后再解释你为什么这么做，但是不要中断你正在做的事情。大多数时候，孩子们想要的东西自己是可以拿到的——他们要学着变得更加独立一些。

你应该拥有打电话不受干扰的自由。这是属于你的时间，而这也是关乎尊重的问题，你不能放任不管。

习惯问题

1. 吮吸拇指

你有见过多少初中生在大庭广众之下还含着拇指吮吸的？又有多少带着安抚巾去远足旅行的？

很多父母因为孩子岁数不小了还在吮吸拇指而抓狂。他们听到过很多别人家孩子的故事，说这会毁了孩子的牙齿，让孩子不得不戴牙套，父母会觉得很恐慌，还担心这会让孩子看上去很幼稚。他们想不通为什么 4 岁的宝贝睡午觉时还一定要嘬着一条安抚巾。

可是，吮吸安抚巾有什么坏处呢？把安抚巾弄湿了有什么问题吗？会把它弄得脏兮兮的吗？其实小孩子根本都不介意东西是不是脏兮兮的。我是从自己的经验中知道这一点的。今天早上我掏出手机，发现屏幕上面一团糟。我的孙女阿德琳昨天吃午饭的时候用她黏糊糊的手指把它摸了个遍，她才不介意什么黏糊糊、脏兮兮呢。

父母们，我在这里想要表达的是，**如果你们总是关注那些随着孩子长大就会自然而然解决的小问题，那你们就会把自己逼疯。**

对于吮吸大拇指、安抚巾或者别的毛绒玩具这种寻求心理安慰的做法，每个人的看法都不尽相同。可是，几年之后，这对于你和孩子来说，还会是什么天大的事吗？大概率是不会的。

所以就不要小题大做了吧。如果孩子上学前班还在吮吸拇指，那就让同伴的压力去解决这个问题。要是他因此而被同学说成"长不大的小宝宝"，他吮吸拇指的习惯估计就自动戒掉了（起码在学校里是不会了）。

2. 尿床

"我什么办法都试了——蜂鸣器、铃铛、护垫，全都没用，他还是睡过去了。帮帮我吧！"

"我从安德莉亚2岁起就开始训练她上厕所，但是有一天，我接到学校的电话，让我给她拿身换的衣服，因为她尿湿了裤子。我惊呆了。安德莉亚都二年级了。这是怎么回事？"

"杰罗德有时还会尿床，可他都10岁了。这是我的问题吗？"

许多父母在尿床这个问题上走了极端，尝试各种措施以防止孩子尿床。有一种蜂鸣器在床刚刚被弄湿时就会发出警报声唤醒孩子。他们还用上了铃铛和护垫——当护垫被弄湿，铃铛就会响起，把孩子唤醒。

但是，让我们客观地看待这件事。你读了不下十本书，尝试了各种各样的技巧。你能确保孩子晚餐时不多喝饮料；你可以让孩子上床睡觉之前去厕所；你可以告诉他如果感觉膀胱充盈，就立即起床去厕所。

然而孩子仍然会尿床。

作为父母，你感觉如何？很多父母焦虑不安：哦，我的天啊！我一定是没有给他足够的爱和关注。我肯定是个糟糕的家长，他一定是因为承受了某种压力才会这么做的。要是他哪个朋友发现了，他就丢脸死了。真是一团糟！我讨厌每天早上洗那些臭床单，换床上用品……更不要说他把床垫给毁了。

但是请考虑一下：**研究表明，尿床的孩子通常有深度睡眠的**

习惯。大多数孩子长大后最终会摆脱这个模式，不再尿床。

所以请放松！有句话说得好："该过去的肯定会过去的。"到了高中时代，他就不会尿床了，我保证！同时，你可以用橡胶床褥，再在床上安上条排水沟就万事大吉了！

你可能还需要在行为上做些改变。比如，要是你 7 岁的孩子还尿床，那就不能同意他去朋友家里过夜。你不希望孩子感到尴尬，也不想给他朋友的父母添麻烦。可是你怎么跟儿子解释呢？实际上，这样做是为了让孩子知道他不能在朋友家过夜的原因。你不能用一种带有警告或者惩罚的语调，只需要冷静地说："亲爱的，只要你能控制住自己，就可以去朋友家过夜了，但是目前还不行。"

如果你的孩子在学校"意外"地尿了裤子，请称之为"意外"。没什么大不了的，给孩子换身衣服就行。不过，不要在孩子的书包里放套备用衣服防止"意外"。这样做只会加强这种行为。

在尿床这件事中，重要的是不让孩子感到尴尬，并且要有长远的眼光。

3. 如厕练习

有三件基本的事情，孩子无论如何都要做，那就是吃饭、睡觉和上厕所，而父母经常会为这些事过度紧张、小题大做。

你有见过上了二年级还不会自己上厕所的孩子吗？五年级的

孩子呢？初二的孩子呢？孩子都能学会自主上厕所，只是时间早晚问题。

市面上有很多关于如厕练习的书籍，但最基本的一点是：在开始训练孩子自己上厕所之前，先要确认他们是不是做好了准备，也就是是否出现了相应的迹象。否则，你就将投入一场旷日持久的战斗（以及家里从走廊到浴室到处都是小便的痕迹）。你还得不断增加对孩子的奖励：给男孩买"托马斯和他的朋友们"品牌的内衣，如果是女孩，就买特别版的"小马宝莉"内衣。你还需要买那种低矮的小便盆，孩子坐上去以后脚能放到地板上，使用起来很舒服。或者，有些父母会在正常的坐便器上放个小一圈的软垫座椅（但要注意，孩子的小屁屁仍有可能会滑进去）。

当然，光靠这些小工具还没法让孩子学会自主如厕，但它们确实是很好的辅助用品。要让孩子向你证明他已经是大孩子了，可以"靠自己"上厕所了（对学步年龄大小的儿童很重要）。重点是，孩子要知道自己什么时候有上厕所的感觉了，而不是妈妈隔两分钟问他一次："你要嘘嘘吗？"要是妈妈问得太频繁，这会打击孩子的自信心。在这个过程中孩子有憋不住的时候吗？肯定会。所以一旦孩子出了"小意外"，要让他帮忙清理（而不是妈妈忙着帮他清理）。他会意识到，哦，原来是我憋太久没憋住，所以一有感觉我就要上厕所。

有些家长晚上会给孩子用拉拉裤，他们觉得这已经是个进步了。但如果你真的想训练孩子自己上厕所，我会告诉你："假如你的孩子岁数已经不小，可以告诉你'我想穿拉拉裤'，那么他就该直接接受坐便器的训练了。"这时你可以告诉孩子，"亲爱的，我们的拉拉裤已经都用完了。"大多数孩子都能接受。由于没有拉拉裤可以穿，孩子就需要对自己的膀胱负责啦。

有位脱口秀节目主持人曾经跟我谈起他儿子的情况："嘿，博士，我家的小杰克要是不穿着纸尿裤就不会上大号。"坦白说，这简直太疯狂了。如果孩子都已经会明确告诉你要穿着纸尿裤才能排便，那说明他就已经会上厕所了。孩子是在摆布你，是在彻头彻尾地享受你围着他转的感觉。你们家的主人是他，而不是你。这于孩子于你都是不利的。

在这方面，我妻子对我们家五个孩子里的老大犯过一个巨大的错误。她择了一个黄道吉日要训练霍莉上厕所。在这之前，她已经看了两位心理学家写的关于上厕所训练的书，并决定照本宣科。我提醒她，我也是心理学家，对这事有不同的看法，但她没有理会。我的妻子是他们家的大女儿，对这些事了如指掌。那天她把我逐出了家，严令我不能干涉。她用了薯片和巧克力豆——这些垃圾食品一般不出现在我们家——来进行她的"计划"，可到最后霍莉只学会了拍着便盆说"便便，便便！"——然后"便便"就从她腿上流下来了。

家长总是认为自己知道什么对孩子才是最好的。但事实是，每个孩子的头脑中都植入了一个自主如厕的生物钟。这个生物钟会告诉你他是否准备好，而且你是否能找到相应的迹象，包括孩子可能会开始模仿你上厕所、问你问题，还想跟着你到洗手间等行为。所以这时可以采取下一步了：去超市买一个塑料便盆，放在卫生间的地上，让它成为卫生间的一部分。对这件事要假装漫不经心，孩子也就不认为这有什么大不了的。

当孩子看到便盆，你可以不动声色地告诉他这是给他用的，离地面低，容易坐。用这种方法，很多妈妈惊喜地发现可以不用大费周折就能让孩子进行便盆训练。经常发生的情况是，好奇的孩子在浴室发现了新便盆，就会想马上去试试！

孩子坐上便盆开始尿尿（相对容易）时，要表扬孩子（但不能太过火）："啊，看看，你自己会上厕所了！"对孩子来说，这是鼓励他的话。之后你可能会给他一点好吃的作为奖励。你当然可以这么做，但我并不认为这是个好办法。为什么？跟你的朋友做个问卷调查"你们今天有没有上过厕所？"大多数人肯定会惊讶地看着你，觉得你像个疯子，"我当然上过厕所了。"那么他们上了厕所，会有人给他们巧克力豆吃吗？不会吧。所以为什么要这样对待孩子呢？

上厕所是这个世界上最自然而然的一件事，是我们小题大做，把它搞复杂了。这不可取。要是你训练了几天，孩子还是没学会上厕所，那就先放一放也不迟。把便盆收起来，过段时间再拿出来用。有时，一两周之后孩子就准备好可以再次进行训练了。

当孩子在便盆里拉了臭臭，你可以说："哦，看看你做了什么，太棒了！"但是，虽然你为孩子这样的"成就"倍感激动，但也不用过于大惊小怪。我认识的一位妈妈就是这样，她特意把孩子的大便"供起来"，好让丈夫下班回家时欣赏。到了晚上，她、丈夫和另外两个孩子围到陶瓷的"宝座"旁瞻仰朝拜，觉得这样会鼓励孩子更多地自己上厕所。恰恰相反，他们做的只是在告诉这个享乐主义的小鬼：嘿，这是个大事。妈妈真的很喜欢我大便。嗯……我想知道要是我不如她所愿呢？她会给我什么？这时，妈妈良好的初衷就会事与愿违。突然间，如果没有妈妈或者其他人陪他蹲在厕所，孩子就没法创作"毕加索的大作"了。

大多数孩子在2岁或2岁半时就准备好了进行如厕训练。如果孩子发育正常，那就没有理由不让孩子在3岁之前接受训练。要是你的孩子到了3岁半还是没有学会，那肯定是你对这件事过分紧张，用尽了各种奖励和惩罚措施。小家伙知道了你的底牌，主动权就掌握在他那儿了。

你要记住，即使孩子到了4岁，也可能尿裤子。

"可是，博士，他都自己上厕所两年了。这是怎么回事？"你问。

孩子是怎么说的呢？"我忘了。"

孩子不会忘记的。他要上厕所的时候，膀胱的感觉和我们的完全一样。他只是玩得太尽兴了，懒得去上厕所才尿裤子的。

在我们家有一条家规：一天里你换内裤的数量不能超过规定的数字。要是你对我们一家人做个调查，你会发现平均数、中位数和众数都是每天一条内裤。这意味着如果孩子忘了上厕所，在外面把裤子尿湿了，他就只能回家，没法再出去了。这是一个简单的因果关系，让孩子对自己的膀胱负责。要是孩子在外面和朋友玩，却因为尿湿了裤子不得不提前回家，那你觉得他下次会不会长点记性呢？

4. 不肯洗澡

"可是我不想洗澡！我不用洗澡！上周刚洗过！

"这不关你的事。我想洗澡的时候就会洗的。我的
朋友们可没有因为我不洗澡笑话过我。"

家长和孩子似乎总是会为洗澡和讲卫生这样的事开战，而且
在孩子很小的时候就开始了。对小孩子而言，洗澡似乎是一件不
必要的麻烦事。洗澡不仅会打断他们正在享受的欢乐时光，还迫
使他们从自己的世界里抽身出来。

**所以要从一开始就把洗澡作为家里的惯例，当作一件习以
为常的事，没什么大不了的。**有些孩子怕水，有些孩子喜欢水。
有各种各样的沐浴用品能帮助你，比如护目镜，能在洗头时不让
孩子的眼睛进水。如果你希望孩子洗澡不再是一件烦心事，就可
以用这些小装备。但关键是，**你要掌握主动，孩子该洗澡的时候
再怎么哭也没有用。你要保持理智和冷静。**

如果你 6 岁、7 岁或 8 岁的孩子不想洗澡，你得对他更严厉
一些："现在该洗澡了。你是要我给你洗，还是自己洗？"天底下
没有哪个孩子，特别是男孩子，到了这个年龄还会想让妈妈给他
洗澡。之后他就会把裤子、衬衫和袜子脱了，乖乖去洗澡了。

到了青春期的时候，洗澡可能会成为一个很严重的问题（尤
其是那些不介意更衣室"香味"的男孩们），因为很多青少年根
本没有按正确的方法洗澡。当他们出汗或者来月经，散发着浓厚

的青春期荷尔蒙气息时，应该每天洗澡。如果你正处于青春期的孩子不愿意洗，你可以采用"嗅觉测试"。孩子上学前吃早饭的时候，你可以闻闻他身上的味道，必要时可以强行闻他的腋下。要是散发出什么气味，你就会闻到了。如果真的有臭味，你要坚持让他马上去洗澡，上学迟到都在所不惜。你还可以给学校写个条子，说明他上学为什么迟到：

　　富兰克林今天上学迟到了。他身上发臭，所以我坚持要他先洗个澡。对于他迟到的事，你们怎么处理都行，我会全力支持的。

　　　　　　　　　　　　　　　　富兰克林的妈妈

自此之后，你觉得富兰克林吃早饭之前会忘了给自己做"嗅觉测试"吗？

5. 不肯刷牙

　　"太恶心了。我发誓他会变成大黄牙，而且牙很快就会烂掉。我觉得他上一次刷牙是12岁我逼着他刷的那次。"

　　"我催他刷牙的时候，他漫不经心地耸耸肩，说：'我会吃口香糖，妈妈，这和刷牙是一样的。'"

　　"一到晚上该刷牙的时候，他就总是发脾气。但我实在太累了，已经没有力气逼着他了。难道一天刷一次还不够吗？"

刷牙是基本的卫生习惯。没有人愿意和口臭的人说话——当别人闻到第一口臭气后，最多再接着说几秒钟，就对你退避三舍了。不刷牙影响的远远不止是你的社交生活。美国牙科协会的研究表明，口腔健康与全身健康之间存在直接的关联。而且，仅仅因为你嚼口香糖让呼吸"散发薄荷味"，并不意味着牙齿上的所有细菌都消除了，这些细菌会引起蛀牙，还会让你生病。

一旦孩子开始刷牙，就应养成良好的刷牙习惯。即使是很小的孩子也能学会好好刷牙。每天刷 2 到 3 次牙（所有牙医都建议这样做！），使之成为日常惯例。吃了甜食后马上刷牙也是好习惯。

如果你的孩子忘了刷牙或不肯刷牙，你可以在早晨进行"呼吸检查"。孩子出门上学之前，让他必须对着你呼吸。（对于父母来说，这并不是什么好差事，但效果很好。）如果孩子早上的口气能让一头牛都望而却步，那就赶紧让他回去刷牙。别争执也别废话，即使他上学迟到了也要去刷。事实上，如果他真的迟到了，这个教训对他的效果就更好。

刷牙是每个人都应该具备的基本卫生习惯。我说得够明白了吗？

6. 不肯睡觉

"我们要花足足 3 个小时才能让孩子们上床睡觉。他们会提出各种要求：吃零食、喝果汁、喝水、让我们讲睡前故事、帮他们掖被子……等这一切一一被满足后，我们已经疲惫不堪，就想立马睡觉。但是只过了十分钟，他们又从床上跳起来跑下楼了。"

"要是没有我或我丈夫躺在亚伦身边，他就不睡觉。问题是，等到我们费了半天劲把他哄睡着时，我们自己也睡着了。在我印象里，我们都已经一年多没有过过二人世界了！"

"我记得我小的时候晚上也会看到幻想中的怪物，所以我了解安娜的恐惧，一直对她很耐心。但是最近她一晚上要起来很多次，总是说她看到了怪物，搞得我都要精神崩溃了。可千万不能再这样下去了。"

关于睡觉这件事，就像我父亲曾经说过的："该睡觉的时候就得睡觉，要么你自己乖乖去睡，否则我就把你扔到床上去。"所以我们家的孩子都知道，一旦上了床，就得老实待着不能下来。爸爸对此可是非常坚决的。

关键在于，每个孩子都需要有固定的就寝时间，这个时间会根据孩子的年龄和天性不同有所差别。比如，2 岁孩子和 14 岁孩子就寝的时间会有所不同，因为 2 岁的孩子需要更多的睡眠。即使年龄相同，有些孩子也会比其他孩子需要更多的睡眠。通常在一个家庭，双胞胎和三胞胎才会同时睡觉。那么这是否意味着如果孩子累了就不能提前上床睡觉呢？当然不是！不过，对家里的老大来说，要是他/她愿意，可以比其他孩子晚睡 15 分钟，这可能是件意义重大的事情——算是一种与生俱来的权利。

很多家庭到了就寝时间，会进行以下的战斗：

    1. 走完孩子上床的准备程序；

    2. 让孩子睡到床上；

    3. 孩子从床上蹿出来之后，把他再弄回到床上；

    4. 确保孩子待在床上。

孩子们喜欢有规律的生活，所以我得告诫你：**一定要谨慎选择孩子的就寝流程**。因为一旦确定，就很难改变。比如睡觉前你给他吃零食或者讲故事，那你的孩子就会像善于钻法律空子的狡猾律师一样，以此为先例，每天都要求先完成这两件事才肯乖乖去睡。例行的套路越复杂，花费的时间就越长。

全天下的孩子都会想方设法延长这个过程。根据我养育了五个孩子的亲身经历，我的建议是，绝对不能让这种情况发生。要是你"只不过再讲了一个故事"，那就等着今后每天晚上都讲吧。聪明的父母会尽量让例行程序简短。我想起了大女儿霍莉小时候我哄她睡觉的情景：她 1 岁半的时候，会指着自己想要的东西发出哼哼唧唧的声音，而我就像只受过训练的猴子一样，愚蠢地帮她拿这拿那。没过一会儿，我手里捧的东西就越来越多，都快抱不住她了。我这不是犯傻吗？

无论你制订的就寝程序是什么，只要9点（或你们设定的睡觉时间）一到，孩子上了床，你帮他掖好了被子，就一定不能再下来了。霍莉小的时候，我就犯过类似的错误。霍莉上床睡觉之前总是让我大老远从厨房给她倒水，因为她说厨房接的水比隔壁浴室龙头里接的好喝。等到我们家最小的孩子劳伦睡觉前要喝水的时候，我都从隔壁浴室给她接，因为浴室最近（那时我已经学聪明了，不告诉她水是从哪里接来的）。

孩子们善于摆布父母，特别是上床睡觉的时候。他们会"需要"水和零食（"我的肚子太饿了，里面好像有个洞"），看到幻想中的怪物（"妈妈，我害怕"），说自己感觉不舒服（"我肚子痛"），或者告兄弟姐妹的状（"杰森跑到我房间来吓我"或者"阿曼达不肯把玩具还给我"）……总之，孩子们会找出一大堆的事情来拖延就寝时间，还无谓地把父母扯到兄弟姐妹的争斗中来。

这种行为的目的是什么呢？是为了得到你的关注。这样的做法在你家有效果吗？要是你正在读这本书，就说明答案很有可能是肯定的！那么，对此你能做什么呢？

如果孩子还没有固定的就寝程序，你可以给他制订一套，越简短越好。一旦确定，就必须遵循这个程序。自此之后，只要孩子们一上床睡觉，一切就到此为止。他们必须待在床上不能下来，对此你得坚定不移。

我要提醒你的是，孩子玩就寝这套游戏已经驾轻就熟。有的孩子先是老老实实上了床，你暗自窃喜，舒了口气。但是仅仅过了半小时，你就会看到一双小眼睛从楼梯口向下张望，说他非要什么东西。好，如果你觉得这听起来似曾相识，可以试试这一招——别去理孩子，甚至头也别回，只要说："现在是睡觉时间，快回床上睡去。"然后专心致志做你自己要做的事。孩子可能会有点犹豫，甚至还不罢休，让你给他拿点心、倒水或者把他们送回到床上。但不要理会，做你自己的事情就好了。就家长而言，就寝程序已经结束，该做的也都做好了，现在你可以干点其他的事了。

要是孩子半夜跑到你卧室里来呢？如果只是偶尔发生，那倒不要紧。但要是他每天凌晨 2 点爬到你们的床上来，那就需要认真处理了。为什么？因为你们的床不是孩子睡觉的地方。

恕我冒昧，尽管我很尊重家庭亲子共床的提倡者，但是，我还是全心全意拥护孩子和父母分房而睡的做法。孩子们需要有自己的空间，同样，父母也需要有两个人专属的领地。如果你们夫妻俩在家里没有一个不受打扰的空间，你们如何培养坚实而持久的感情基础呢？这种基础在孩子长大离家后还要继续。要是你们俩中间还夹了个孩子，你们的感情怎么维系？

假如孩子总是三更半夜爬到你床上，就干脆把门锁上，把这个小磨人精挡在门外。对于那些爱担心的父母来说，最坏的情况会是什么样？大不了你一觉醒来，发现小鬼抱着毛毯或枕头蜷缩在你卧室门口。

这是否意味着完全不需要在半夜安慰孩子？当然不是。我刚才说的是持续行为，而不是偶然行为。

夜晚可能会雷雨交加，会有突发状况，孩子也可能会生病，会从噩梦中惊醒而恐惧万分，或者为白天发生的事情感到伤心难过。父母是孩子的心灵守护者，他们有时确实需要你。对于这些情形，我的建议是：放个睡袋在你的床底下。要是孩子觉得害怕，想离你近一些的时候，告诉他可以拉出睡袋自己躺在床边上，不需要叫醒你。这样一来，孩子获得了渴望的心理亲密感，你也能睡个好觉，第二天精神饱满地去工作；而且，孩子也懂得了父母的床就是只属于父母两个人的空间。

如果孩子还很小，当你把他抱回自己的床上睡觉时，可不要就势爬到孩子床上和他依偎在一起。这样只会强化他寻求关注的行为。不仅如此，你还侵犯了属于孩子的个人空间。如果你侵犯了他的卧室空间，为什么他不能侵犯你的呢？

另外，妈妈们（你们特别容易受到这个诱惑），不要和孩子一起躺在床上睡午觉，否则，如果没有妈妈陪，孩子就不肯睡觉。不妨这样想：如果换成是你，你会愿意看着音乐床铃一直不停地转，直到你昏昏沉沉地睡着，还是愿意依偎着妈妈温暖的身体入睡呢？

孩子要学习成长，要培养与年龄相符的独立性，其中关键的一点就是拥有自己的床和自己的独立空间。这对孩子心理发展很重要。所以，如果有兄弟姐妹同住一个房间，应该设法把房间隔开，以便让每个孩子都有自己的隐私和空间。

每个孩子醒来的状态不同。有些孩子会慢慢醒来，自言自语，哼哼歌曲，还会轻松愉快地看上两个小时的书，享受在自己的"空间"里度过的时光。我们家劳伦就是这样，她3岁的时候还睡在婴儿床上，要不是婴儿床太小了，她估计到了七年级还会怡然自得地躺在那儿看书呢。但是有些孩子不一样，他们一醒来就活力充沛，立马要下床，而且通常是用大呼小叫来宣布自己醒了。我们家霍莉就是这样，她1岁半的时候曾经从婴儿床上翻下来过。她一醒来就满眼喷火，是个个性很强的孩子。我们家总会有这样的对话：

"你最好去叫醒霍莉。"

"我才不去呢，你去。"

"不行，你去。"

我们俩就这样来来回回推让着。你明白了吧，聪明人都不会想叫醒霍莉的。有些孩子一醒来就满脸笑容，有些孩子醒来则是怒气冲冲。

有些孩子上床睡觉很容易，有些孩子很困难，还有些孩子就是不喜欢躺在床上。他们花样百出，一会儿想要喝水、吃零食，一会儿身体不舒服，一会儿又觉得害怕，想和你一起睡觉，更有甚者凌晨3点都睡不着，想找人聊聊天（啊，半夜三更倒是倾吐心事的好时候）。

设置固定的就寝时间，并坚持实行。这是一座"大山"，而不是"小丘"。如果孩子在这方面没有养成好习惯，那么家里的每个人都会很痛苦。要是能睡上一个好觉，第二天每个人的行为和情绪都会变好一些。所以，这个问题要特别谨慎对待。

7. 赖床

这个问题是家庭生活中最高的一座山，而且它还是座活火山，随时可能把你的家炸上天。

家庭中每个成员都有属于自己的责任。你是住在家里，而不是住在有叫早服务的酒店。所以孩子们有责任自己起床。

我的女儿劳伦今年15岁。在她长大的过程中，我记得只有一次她上学迟到了，因为她忘了设闹钟。那天早上我是8点醒的，很惊讶地发现她还没起来。这事对于劳伦来说是个天大的意外，因为她总是会定好闹钟，准时出门。所以，我需要大惊小怪吗？当然不用。这只是个偶然事件。后来我开车送她去学校了。

但是在很多家庭，光是让孩子们早上起床就要经历一场战斗。父母各种招数都用上了，哄骗、贿赂、威胁、大吼大叫，孩子们早饭也来不及吃就跑出家门去赶校车，可还是晚了一步，眼看着车开走了。这时父母该怎么办？他们会冒着被开罚单的危险飙车送孩子上学，弥补孩子晚起浪费的时间。这真是太疯狂了！

终于忙完之后，作为父母，你对此感受如何？你很可能会累得气喘吁吁，而且还觉得自己这个父母当得不称职，因为整个早上你都在冲孩子大呼小叫。

如果你希望家里不再出现这一幕，请尝试下面这个办法：别当孩子的闹钟，就让他早上一直睡。等他10点才醒的时候，会因为睡过头非常不开心。但这不是你的错，睡过头的那个人可不是你。

好在孩子需要你帮他写个纸条才能进学校。于是你在便笺上这么写：

尊敬的某某老师：

　　萨莉今天迟到没有任何借口可言，就是因为睡觉睡过头了。请您按规定对她进行处理就好。

　　不胜感激！

安德森夫人

年纪小的孩子都不喜欢去老师的办公室，大一点的倒是不害怕，可他们却担心明目张胆地迟到会在同学面前很没面子。要是你因为他们没赶上校车不得不开车送他们，一路上他们可能都在跟你找碴。

所以，你应该这么回答："每天早上都这样已经让我烦透了，以后要怎么着你自己看着办吧。"

你冷静地说出这些话，由于孩子害怕进老师办公室，也怕在同学面前出丑，因此这样做会帮助你扭转局面。

8. 挑食

在养育孩子的过程中，有三件事你不需要总是操心——吃饭、睡觉、上厕所。只要父母不过多干预，这些事他们自然而然都能学会，信不信由你。

对很多父母而言，孩子吃饭可是一件天大的事。他们老是小题大做，对孩子的就餐习惯唠唠叨叨：

"快吃点蔬菜。蔬菜对你身体有好处，吃了就会长得像爸爸那么高那么壮。"

"在贫困地区有多少人饿着肚子啊，要是能有一口这样的东西吃，他们就高兴坏了。"

"快吃吧，你一定会喜欢的。"

"就吃一口，一会儿给你吃糖。"

我小的时候听够了这样的话，可也没见得对我起什么作用。事实是，要是吃饭变成了一个大问题，那都是因为父母犯傻，是你们把那些又甜又油腻的东西买回来给孩子吃的。要是父母聪明一点，就会尽早让孩子喜欢上吃正餐，而不是让那些高糖高碳水化合物的垃圾来充当婴幼儿食品。

多项研究都已表明，只要父母不逼孩子，他们吃饭会听从自己身体的需要。比方说，孩子在生长发育期可能需要更多的蛋白质。可能孩子会整整一星期只吃鱼，而到了下个星期又只吃蔬菜了。如果是出于身体的需要，这又有什么关系呢？总体上看，孩子的饮食结构还是均衡的。

要是孩子吃饭演变成了一场战争，那都是因为父母太过步步紧逼，而且还总是凑在孩子身边管得太多。每个小孩身上都装有一个内置的小天线，专门用来探测爸妈最在意的事情。他们用这种方法来左右和摆布父母——至少他们是这么想的。因此，要是父母把吃饭当作大事，孩子就会想："哈，让我跟妈妈比比高下，看看到底谁能撑更久。"

让孩子营养充足的一个关键是**提供均衡的饮食**。每道菜应在餐桌上传递一遍，让孩子自己用勺子把食物盛到盘子里（而不是定量给他分好）。要和孩子强调，多尝试是一件好事。虽然每个人的口味不尽相同，这无可厚非，但是大家都应该多多尝试。不要强迫孩子吃完盘子里的食物。研究表明，孩子一顿能吃下的东西和自己的拳头大小差不多。要是吃多了，会撑大他的胃容量，这样你就得跟暴饮暴食做斗争了。此外，要明确跟孩子说：饭吃完了就是吃完了，想过个把小时再去柜子里翻零食是不允许的。

另一个关键就是**不要在家放垃圾食品**。如果家里有，那是谁带回来的呢？下次去超市的时候，不妨看看"卡夫方便餐"和"金鱼小饼干"的脂肪和钠的含量有多高——这两种产品在很多家长看来都是标准的儿童食品。此外，孩子在学校还经常吃麦当劳和比萨饼。总体来说，美式的饮食都不太健康，甚至会缩短人的寿命。孩子吃下去的很多东西其实都是很糟糕的。再加上我们这种快节奏的生活方式，导致大部分孩子每天至少有一顿饭不是在家吃的。

最近，我和十几岁的女儿劳伦去看了场篮球赛。球赛前我们俩都没吃饭，所以看完球赛都饿得前胸贴后背了。我问她："你想去哪儿吃饭呢，宝贝？"嘿，你猜怎么着？她没说要去麦当劳、汉堡王，这真好。你知道她想吃什么？三文鱼！没错，就是三文鱼。对于她节俭的爸爸来说，这要多花不少钱；但对于她的身体来说，这可健康得多。你知道劳伦为什么会做出这种选择吗？这是因为我亲爱的妻子桑德，在劳伦还是个婴儿的时候，她花了不少时间用食物料理机亲手为劳伦做辅食，里面绝对没有罐装辅食系列里的防腐剂和垃圾成分。我们在餐桌吃饭的时候，劳伦就跟我们一起吃，只不过她的食物是糊状的——这让她学会了享受和品尝真正的、健康的食物。

这种对食物的口味能让她终生受益。我得说，那时候多花的功夫非常值得。

9. 暴饮暴食

如今，放眼一看，你就会发现美国的超重儿童比比皆是。

我曾在一家酒店的泳池边观察过一家四口吃午饭的情景。这家的儿子大约 10 岁，胖得离谱。他的肚皮根本塞不进泳裤，肉在裤腰外面甩出来一大截。他们家的另外三个人都吃完开始游泳老半天了，他还坐在椅子上没动弹，正风卷残云地把他们盘子里吃剩的东西一股脑塞到嘴里。桌上还剩了些什么？热狗、薯条、布朗尼蛋糕，一点儿蔬菜都没有，除非你把热狗里的泡菜也算作蔬菜。

最后他爸总算发现儿子没有在游泳了。"别吃了！"他给儿子下了命令，之后又回到热水池子里继续泡澡了。儿子根本没理会老爸的命令，又吃了些妹妹盘子里的薯条。老爸见他这样，又从热水池里爬出来，气势汹汹地走到餐桌边，抓起儿子的胳臂。

"都跟你说了，别吃了！你是不是没长耳朵啊？"爸爸气得面红耳赤，"那就绕着游泳池给我走上二十圈。"

这孩子每走一圈，快到热水池他爸那儿的时候气就喘得格外粗。才走了三圈，他爸就说："行了，看你也凉快下来了，别走了。"（我真是奇了怪了，这父子俩到底谁需要凉快啊？）

再看看儿子这时去干什么了？他脸上泛起了得意的偷笑，坐回桌子边，连吃了三块盘子里的布朗尼蛋糕。

我不禁纳闷，这当爸的是有多糊涂啊？

那么孩子到底从中学到了什么呢？反正比他爸学到的要多，这一点是可以肯定的："我只要装出一副爸爸说什么我听什么、他怎么说我就怎么做的样子，他就会让我想干什么就干什么了。"

我们做父母的有时真是愚不可及。

导致孩子们暴饮暴食和肥胖的头号杀手是垃圾食品。我听说过有父母真的会把家里的冰箱五花大绑，免得孩子半夜偷吃。但真正的解决方法其实是在保证营养均衡的前提下，每顿吃得少一点，不吃垃圾食品，包括碳酸饮料。减肥要循序渐进才能长久不反弹。最重要的是改变生活方式，而不是一味节食。

即使做到了营养均衡，孩子还是有可能一顿吃得过量。但是多吃的部分并不会对孩子造成太严重的危害，因为他摄入的是复合碳水化合物和蛋白质。

真正的麻烦是垃圾食品以及过多地摄入甜食。而垃圾食品是谁带回家的呢？往往都是家长！部分原因在于，现在回家吃饭的家庭越来越少了。因为大家都很忙，所以吃饭必须速战速决。可是，快餐很少有健康的。很多家庭只图吃饭省时间，结果吃下去的东西脂肪含量大大超标。包装好的方便午餐虽然快捷省事，却含有大量的脂肪和钠元素。

为了防止孩子饮食过量，让他们得到均衡的膳食，劝你们还是回家做饭给孩子吃吧。做点健康、非油炸的食品，一顿不要做太多。吃完晚餐后，把厨房的门关紧，不要让孩子吃零食，更不允许半夜起来找吃的。

在孩子早晨上学前，要确保他们吃到一顿健康的早餐。很多时候，由于校车或者和其他同学一起拼的车已经在外面等着了，孩子们来不及吃早饭就冲出家门，或者随便抓点方便携带的垃圾食品在路上吃。这样做的后果是什么呢？等他们到了学校，没多久就又饿了，他们会去找自动贩卖机，胡乱吃包奥利奥饼干填饱肚子完事。再加上体育课经常从课程里被砍掉（学校如果有预算缩减，最先倒霉的就是体育课），而孩子的身体健康又不是很受重视，所有这些因素，共同造成了目前的青少年肥胖问题。

现在，就连一个 1 岁半大的孩子坐在餐桌前吃早饭的时候，面前也会放一个 iPad，这样他们就不会扔东西、发脾气了。他们真的知道自己吃的是什么，吃了多少吗？我们是不是从孩子还很小的时候，就开始让他们养成了过度吃喝的习惯呢？

想改变孩子暴饮暴食的习惯，你自己必须先改变生活方式。一家人坐在一起吃晚饭吧（这就要求父母尽可能地调整时间安排），没有什么比自己家做的饭更让人心满意足、更健康低脂、更适合边吃边聊天的了。所以，可千万别错失机会。

暴饮暴食还有另一个表现形式就是贪食症（暴饮暴食后通过

呕吐排出食物）。贪食症患者中有90％是十几岁的女孩子，根本的驱动因素是她们追求完美。这些青春期的女孩在电视、广告牌、电影甚至是学校"人气女孩"群体中都能看到"完美"身材，为了获得大家的认可，她们觉得自己必须要瘦得像竹竿一样。如果这些女孩得不到父母的支持，可能会另寻办法掌控自己的体重：先狂吃一整盘布朗尼蛋糕，再跑到卫生间捅自己的嗓子催吐。如果你怀疑或发现孩子出现了这种情况，要马上找专业人员帮助。贪食症是一种严重的疾病，需要专业的医疗人员来解决。因为这会对孩子身心的整体健康产生长期影响。

10. 房间脏乱

> "我觉得应该在儿子房间外面张贴一个标识：'有毒区域。珍惜生命，请勿进入。'"

我不是一个高标准的人，对我来说，每个礼拜有两天家里的地板是干净的，我就能接受。即便如此，我也有忍耐的极限。（我的妻子桑德是家里的长女，而我是家里最小的儿子，她对于脏乱的容忍度可比我要低得多。）很多小孩子的房间简直就有毒。

孩子是脏乱的制造者，他们对卧室的清洁标准通常和你的相距甚远。毕竟，他们的房间里存放了很多重要的东西（例如化妆品、iPad、石头等），而且他们只有这唯一的一个房间可以用来珍藏自己的宝贝。因此，如果你希望他们把自己的卧室打扫得像其他房间一样整洁，那你肯定会非常失望。

然而，卧室应该每周至少打扫两次，以免闻起来像更衣室，看起来像垃圾场。这意味着扔在地上的东西都得捡起来，归置到它们原本的位置，零食、包装纸、衣服，还有从兄弟姐妹那里借来的东西都是如此。家长希望孩子每周打扫两次卫生完全是合情合理的。

父母应该决定一周中哪两天是打扫日。而且，孩子们必须清楚"干净"的定义是什么。这样，当爸爸妈妈走进房间时，孩子就可以清楚地知道房间是否收拾妥当了。要是孩子没能整理干净，而且似乎也不愿意再打扫一次，你就指派兄弟姐妹或请邻居家的孩子来完成清理工作吧，然后从孩子的下一笔零花钱中扣除这个费用。

毕竟，生活不就是这样吗？别人为你做事，你就要付钱。那么打扫孩子的房间也可以用这种方式进行吧？

付钱让别人做孩子未能完成的工作，并从他的零花钱中扣除这笔钱，是教他负责任的好方法。更不用说大多数孩子在知道姐妹兄弟或者邻居进入了他们的空间、动了他们的东西后，会非常生气。

11. 吐痰

吐痰是很多人深恶痛绝的一种习惯。小男孩会吐痰，有时候小女孩也吐。一部分大人也会随地吐痰。

我自己就是个经常吐痰的人。因为我有后鼻滴流症这种病，所以我的嘴里会产生大量唾液。可能听上去很恶心，但是我要么得清嗓子把它吐出来，或者更糟——把它吞下去。很多年来，我会在车上清嗓子、吐口水，我会拉下车窗玻璃吐出一口，一边大喊一声"嚯"！（就像你打高尔夫时候的叫声）然后说"下面的人当心！"

有一天，3岁的劳伦和我一起在车里，她一直都是个很认真的孩子，我正好往窗户外面吐了口痰。有个平静的声音从后座传来，"哎，爸爸，你忘了说'嚯'！"

还有一次，凯文还很小的时候，我当时忍不住往车窗外吐了口痰。然后我听到耳旁传来"啊咳"的声音，是凯文在模仿我呢。猜猜他这口痰吐到哪儿了？飞到我脖子上了！

不要以为孩子吐痰是没来由的。事实上是我们自作自受，因为这种行为是孩子模仿我们的结果。那么你打算怎么办？孩子总在观察父母会做什么、说什么。要是你的孩子随地吐痰，那往往他的爸爸或妈妈也习惯随地吐痰。

这个问题严重吗？不严重。这是个小问题。很可能几年后，你儿子不会在女朋友面前大声吐痰，更不会在老板面前吐痰。有些事情是长大成熟后自然就会解决的，吐痰就是其中之一。

态度问题

1. 翻白眼

孩子们有时候会戏精附体，特别是十几岁青春期的孩子。他们是翻白眼的大师。这是他们一种无声的表达方式："拜托，又来了，不会吧！""老爸，你让我太尴尬了。你怎么能这样呢！"

孩子翻白眼并不是什么大不了的事情，每个孩子都会翻白眼。（有时你自己也会翻！）翻白眼等于是在说："你刚刚讲的真是太离谱了！真不敢相信你竟然会这么说。"**翻白眼表露了一种态度。但它不是世界末日，不会影响孩子长期的性格。**（但顶嘴、自作聪明就是另一回事了。）

家长们，这不是严重到必须开战的问题。那么，为何不从中获得一点乐趣呢？下次你看到孩子翻白眼时，你就说："哇，你真厉害！能再来一遍吗？用慢动作翻。"

用轻描淡写的方式对待这种态度和行为，能很快化解你们的小矛盾，而且，还可能会让你们俩都迎来难得的开怀大笑。

2. 发脾气

"但凡我让他干点什么他不情愿的事，他都要跟我发一顿脾气。"

"我再也不带她去商场了，因为要是我不让她吃麦当劳，她就大吵大闹。我可不是每次都有时间有闲钱让她吃麦当劳的。"

"一要他跟哥哥分享点什么，他就开始尖叫、跺脚、扔东西。"

我想问问你：孩子发脾气的目的是什么？是为了获得关注，以及给你来一记下马威。倘若孩子曾经发脾气达到过目的，那么以后他还会继续发脾气。

2岁左右的小孩子常会发脾气，这种行为需要加以解决。**对付发脾气的小孩子，我的最佳建议是：从孩子身边走过去，完全不理会他的行为，做你自己的事便是。**既然观众都走了，也就完全没必要继续表演发脾气了。

如果你从孩子2岁就开始整治他的脾气，并用上我的一套久经考验的方法，那我确保你能改变这种行为。我的方法如下：

1. 说一遍。
2. 转过身。
3. 走开。

使用这套方法后，你就不必周而复始地来回应对孩子的发脾气问题了。不过这套方法需要贯彻一致，坚持到底，坚决不能回头看孩子。要不然就被他看穿了：哦，原来妈妈心里也没底啊，她在担心这个办法有没有用呢。啊哈！这说明她不想让我离开她的视线，所以她还会回来的。那我可以继续再发一会儿脾气。

不过，要是孩子过了 8 岁还在乱发脾气，那就是因为他们已经摸清了你的底牌，他们对于赢得这场较量需要什么筹码了如指掌，因为一直以来他们都是常胜将军。如果你不给他们想要的玩具和零食，不带他们去想去的地方，他们就会掷地有声、绘声绘色地向你展示生活是何其不幸和悲惨。对于大一些的孩子，我的方法同样有用（不管你们当时在哪里）：

    1. 说一遍。

    2. 转过身。

    3. 走开。

如果你不在跟前，孩子是不太可能会继续发脾气的，在公共场合尤其如此。因为这种行为的目的是获取你的关注，要是你根本就不在那儿，这一招也就无用武之地了。

如果你曾经因为孩子大发脾气而影响了自己的做法，那么你现在就需要异常坚决。是时候治治他们的臭脾气了（他们其实就是想比你更强势）。难道你真的希望孩子到了 13 岁还在沃尔玛里踢杂志架，到了 18 岁还冲动任性、毫无自制力，稍不如意就一通发泄吗？

发完脾气，孩子必须道歉，才能照常生活。这并不意味着你要追着孩子说："小子，你要给我道歉！"这样跟求着人拥抱差不多。如果拥抱是你要求别人得来的，那也就没什么意义了。同样，强迫孩子说的"对不起"的分量远比不上孩子发自内心的道歉。

要记住，无论发生什么，都要采取"先要完成 A，才能开始 B"的原则，直到孩子来向你真诚致歉（是否发自内心，你一定分得清），否则生活就不能照常继续。

3. 故意做蠢事

"上周，我邀请了我的上司和他妻子来家里吃饭。我们让 8 岁的儿子查理上了床，然后我去厨房准备甜点。五分钟后，我听到客厅传来惊心动魄的碰撞声，原来是查理沿着楼梯扶手滑了下来——他知道他不该这么做——然后"嘭"的一声掉到了桌子中间。桌上面摆着我们的蒂凡尼台灯，灯碎成了一堆碎片，查理的手也划破了。最后甜点没吃成，我们带着查理去了急诊室给他的手缝针。他以前从没做过这种事，这是怎么了，鬼迷心窍的？我吓坏了。"

"我的朋友们一来我家，我 3 岁的双胞胎女儿凯莉和卡莉就开始装疯卖傻，叽叽喳喳说个不停，让我跟朋友一句话都插不上，就好像这是凯莉和卡莉的娱乐时间。"

"昨天我气坏了。我当时在厨房门口，刚好看到 7 岁的以赛亚故意把 2 岁的妹妹推倒在地。"

"我女儿安妮爱穿特别短的迷你裙，她的 T 恤也都紧得过分。我发誓她这样做只是为了让我发飙，因为她总先瞪我一眼，等我反应过来后就摔门而去。她好像在试图证明自己已经是大姑娘了，可以自己选择衣服了。我真是不明白，我们以前从来没有为她的穿着争吵过，她想穿什么都可以。但在过去的一年里，自从我开始上班后，就感觉她总是在跟我找碴。真希望我以前的女儿能回来。"

所有的孩子都渴望得到关注，为此他们会不惜一切代价。如果没从父母那里得到足够的正面支持，他们就会通过负面行为来寻求关注，做一些明知会让父母生气的事情。

查理讨厌被忽视，希望得到父母的关注，所以他闯入了聚会。凯莉和卡莉根本没有离开聚会，她们只是决定继续停留在大人们注意力的中心，让世界围绕着她们转。

有些孩子要求大人关注他们。他们会搞笑、表演、制造危机，竭尽所能引人注意。因为我就是那种孩子，所以我完全理解。（哦，我真是把我妈妈整得够呛！）

作为父母，你该如何回应这样的孩子？当年幼的孩子用负面行为吸引你的注意力时，你就这么说："我发现你今天需要我的关注，对吗？"这样的评论通常会使负面行为失去乐趣，孩子以后就不太会再这么做了。然后你可以对孩子说："亲爱的，我很乐意给你关注。你是要我坐在那儿看着你吗？这样就行吗？还是你想让我抽时间给你讲个故事，再陪你玩一会儿？我爱你，我看得出来你现在需要更多的关注。但你要知道，我看到你推了你的小妹妹，这是你需要关注的表现吗？如果是这样，你用不着靠推倒你妹妹来得到关注。要是你想让我抱抱你或亲亲你，直接过来告诉我，我会很乐意这么做的。"

当年长一点的孩子用负面行为引起你的关注时，不确定因素就变多了。假设你青春期的女儿穿着短得离谱的超短裙跑下楼。而你从来没见过那条裙子，你就要想想了，这是她从朋友那借来的吗？

你明白她的这种举动是为了引起你的关注，但事实上还不止如此。**在这场权力斗争的游戏中，她在增强自己的技能。**她的态度其实是在大声宣布："我会让你注意到我，我绝不会成为你期待之中的样子。"

接下来她会做什么？她会伸出手来说："钥匙在哪里？"

而你的回应是："什么钥匙？"

面对她难以置信的表情，你可以说："从你这身打扮我就能看出，你还没准备好要出门。"

你们俩会有一场大战吗？很有可能。但她必须明白这个事实：她穿成这样哪儿都不能去。

很多父母会在这种寻求关注和权力驱使的行为面前退缩。他们会选择放任自流，寄希望于某一天孩子会想通。但是你不能等，宁愿一次性让火山爆发，也不要忍受缓慢的水管泄漏。

你的语言和行动会告诉孩子，你不仅知道他在做什么，还知道他为什么这么做。而且，你也表达了对自己眼前发生的事情的感受。你虽然没有说出口，但你实际上是在对孩子说："嘿，孩子，你不是世界的中心，你也不是唯一需要关注的人。"这些话让我们再次聚焦到有目的的行为，所有行为都有其目的。孩子行为的目的就是寻求关注。直言不讳地说明孩子的需求，也避免了他更多需要关注的行为。

当孩子通过做蠢事来寻求关注时，你只需冷静地说："哦，亲爱的，再来一次！你已经很久没这么做了。天哪，看来你真的很需要妈妈的关注。过来吧，让我们来好好谈谈。"

4. 故意唱反调

"他盯着我的眼睛，用最大的声音喊出'不！'"

"我说过她不能和朋友一起去看电影，可她还是偷偷从窗户爬了出去，跑了。"

"他爸爸一出差，他就跟我翻脸。他爸爸在家时他可不这样。"

反抗是一座"大山"，一个非常严重的问题。在教育孩子的过程中，你越早征服这座"山"越好。

假设你3岁的孩子跺着脚有意反抗你，说："不！"他到底在做什么？他是在挑战你的底线，并且严防死守，决不做你让他做的事情。如果打屁股符合你的家庭价值观，那么这时候确实可以严肃地打孩子一下，证明你是认真的。你的表情等于在告诉他说："这是我要你做的事情，你现在就要去做。"对于年幼的孩子，贯彻始终的期待与态度会帮你赢得胜利。给他一段时间，让他自己好好反思，对改变他的反抗行为也很有效。

如果年龄稍大一些的孩子，比如 10 岁或以上的孩子故意不听话，那么你面临的问题会更严重。因为这样你就很难信任你的儿子或女儿。

答案是什么？**对付反抗的最好办法是——在没有任何警告的情况下，突然拒绝孩子的一切要求。**

孩子："我们得走了。篮球训练的时间到了。"

父母："不，你不能去。我不会开车送你去的。"

孩子："能给我十块钱吗？"

父母："不行。"

孩子："我能去杰克的家吗？"

父母："不能。"

这就是有意思的地方，也是这种方法之所以这么有效的原因。你过去总是允许孩子做的事情，现在，突然之间，你什么都不让她做了。孩子迟早会（通常是很快）想知道为什么："这是怎么回事？你总是让我做的。"

你该怎么回应？迷惑孩子"为什么不让你做？"你可以问他："为什么不回到自己房间花几分钟时间好好思考下呢？等你想出了其

中的原因，我会很高兴再和你谈谈的。"

这样你就能从孩子身边走开，他也就没有机会和你争论，让你的血压飙升。

大多数孩子在独自思考之后，都能想出问题的原因，然后会说："对不起。"

不过这时候你要坚持立场，不能搬起石头砸了自己的脚。孩子虽然道了歉，但他这一天还是哪里都不能去。

不过明天呢？明天又是新的一天，应该给孩子新的机会。

如果想让孩子吸取教训并长久不忘，那么他需要明白反抗行为的后果。有时候，这意味着你也会跟着付出代价（没办法参加你很想去的活动）。但是，如果只是让孩子道个歉就解除禁令，这意味着他什么也没有学到，而且还会继续摆布你。

5. 在商店里哭闹

"可我就要嘛，现在就要！"（边哭边嚷）

"放我下来，放我下来！"（在购物车里扭来扭去）

如果你家的孩子还小，最好记住，3到4岁孩子的注意力能集中的时间相当有限。所以，如果你真的想去购物，最好选一个不需要把孩子带在身边的时候。我知道有位妈妈总是在凌晨2点丈夫夜班回家后去购物，这样做是为了能清静自在地买点东西，因为她有一对 4 岁的双胞胎。

如果必须带着孩子一起购物，就尽量减少购物清单，只买必需品。可以让你 2 岁的孩子也帮着拿点东西，让他参与到购物的体验中来。例如，推着购物车到了面包区的时候，你可以说："亲爱的，能帮我从架子上拿条面包下来吗？"谁会在乎面包是不是被孩子捏扁了一点呢？反正味道是一样的，而且孩子还参与到了其中。

不过，购物时可不能让孩子来决定要买什么。否则的话，你最后会发现一购物车都是没用的垃圾，而且给以后开了个不好的头。要记住，孩子们都喜欢固定的程式，所以你一旦设定了套路，以后他们都会坚持这种模式。例如，每次你们去超市购物，你都会给孩子买个甜甜圈，那么他就会对甜甜圈念念不忘。所以，要是经过了甜甜圈柜台你没给他买，那就等着他跟你闹别扭吧。

所以在去超市之前，要明确对这次行程的预期。列一个所需物品的购物清单，确定你要买的东西，以及是否要给孩子买零食。（要是你养成了给他买零食的习惯，你这辈子都被套牢了！）明确告诉孩子你的打算，然后贯彻始终，不要因为孩子的恳求、抱怨或哭泣而改变主意。如果孩子大发脾气，你就带着他离开超市，而且是马上离开，即使要丢下满满一车已经选好的东西也没办法。

请记住，先要完成 A，才能开始 B。如果你的目标是完成购物计划，却因为孩子的不配合而没有完成，那么即使你之前答应过给他买零食，也不能够买了。否则就等于把孩子放到了发号施令的位置上，而他一定会紧紧攥着这个权力不放手的。

6. 用拳头捶打墙壁

这是我在心理咨询中最常被问到的行为之一，而且通常是男孩子会捶墙。女孩子喜欢摔门，然后大喊："我恨你！"男生更可能因控制不住脾气而在墙上捶个洞（嘿，甚至有成年人也这样干，尤其是父亲）。有位爸爸羞愧地告诉我，有次他对青春期的儿子非常生气，以至于一拳打碎了车窗玻璃，然后不得不自己去医院缝针。（他竟然还奇怪儿子是在哪儿学会捶墙的！）

当你的孩子捶墙时，很可能是因为他长久以来对自己的生活感到愤怒。我有个消息要告诉你：这种类型的行为很难轻易解决，因为愤怒已经酝酿许久了。通常，父母考虑到面子问题，试图在家里处理这个情况，但实际上孩子需要的是专业的帮助。（我这么说不是因为我是个心理学家，怀着赚钱的目的。我之所以这么说是因为这是事实。）这些孩子非常愤怒不安，他们会鲁莽冲动，以致伤害到他人。你会在新闻中看到相关的报道，如果你不及时妥当地处理这个问题，上新闻的可能就是你们家孩子了。

这是否意味着碰到这种情况，你就应该不做任何处理呢？当然不是。首先，你需要跟孩子说：我们家不能容忍这种行为。问题在于，这种行为现在已经固化，变得像木板上的纹路一样。纹路都朝着特定的方向，无法改变。你可以给木头打蜡、抛光或上漆，但是纹路还是始终保持相同的方向。这就是为什么在孩子小的时候就要培养他们关爱他人、尊重他人的态度，让他们懂得自己也是家庭的一员。

所以，请为你的孩子寻求专业的帮助，解决他的愤怒问题，但也不要让他在家里逃脱处罚。你的孩子应该努力赚钱，支付修复墙壁的费用。如果他没有兼职工作，那就暂停他的零花钱，直到扣的钱够修理费为止。还要记住，要先完成 A，才能开始 B。当他说"我不去心理咨询"时，你就不要开车送他去朋友家。你必须坚持让他接受心理咨询，这既是为了他自己，也是为了家里的每一个人。

在这个大问题上，千万不要退缩。

7. 踩着脚冲出房间

> "这真是一场精彩的表演——他夸张地踩着地板穿过厨房走上楼梯，我都快要笑出来了……可是又被气得没办法笑。"

孩子们绝对是示威的行家里手，踩着脚冲出房间就是他们的手段之一。这招往往伴随着几秒钟后卧室门被重重摔上的声音。

踩脚行为是在表达什么呢？跟摔门是一样的："你真是我见过的最笨的家长。我太生气了，都不知道该怎么办了，所以只能这么做给你看。看招！"

孩子做出踩脚的举动时，根本不知道他自己看起来有多可笑。明智的家长会先让孩子发泄完，让他们踩着地板穿过整个家，冲出家门或者冲进卧室。哪怕他这么做让你勃然大怒，也最好先转移注意力忙点儿别的，过一会儿再去处理他的这种行为。如果你跟着他冲进房间或者冲出家门，大声叫："小子，你给我搞搞明白！"那只会把事情弄得更糟，还会让战争进一步升级。跟孩子玩权力斗争，你永远也不会赢，所以别上他的当。在权力斗争中，你失去的东西比孩子多得多，而且你不能像孩子那样一心一意，因为你还有很多其他事情要做。

所以，先等到孩子平静下来，再进他的房间（或者在客厅里等他回来），对他说："你好像真的很生气，我一直在想，我之前对你说的话不太合适（或者是不对的）。我应该道歉。"

这个办法会让孩子大吃一惊："什么？她要道歉？对我？这倒还是头一遭……"

一旦你对人说"我错了"，然后道歉，大多数情况下，这个人对你的态度都会缓和下来。**在这件事情上，你是父母，是大人，所以你先道歉。**然后你说："嘿，听着，刚才你跺着脚穿过厨房，我冲你大吼大叫，然后跟着你跑到门口，像个傻子一样。现在让我们把这些都忘了，从头开始好吗？我们能不能花几分钟谈谈？你觉得怎么样？"

你讲了这样一番话之后，还有谁会反驳你呢？

你这么做，其实是在建立一种全新的回应孩子的方式。生气、跺脚、摔门、跑出门都不是好的应对之道，你应该说："唉，我们俩都很生气。但是我们是爱着对方的，所以让我们一起面对。我想知道你的感受和想法。"如果你能让孩子明白这一点，那么你和他就建立起了平等的关系。你不是高高在上地让孩子觉得"我比你更高明"，而是和孩子站在平等的立场上。等到冷静下来的时候，几乎所有的孩子都会尊重你这种做法的。

8. 顶嘴

没有什么比顶嘴的孩子更能惹得父母勃然大怒了。他们会当面对你无礼，还总是一副强硬的态度。通常，发生这种情况的原因是你命令孩子去做什么事，而他根本就不想做。

那么，你的本能反应是什么呢？是跟孩子大闹一场，让他明白自己到底错在哪里，还是想彻底把他斗败，反驳得他哑口无言？

但最终结果是怎样呢？父母跟孩子吵架是永远也赢不了的。每个孩子都足够聪明，能明白这一点。而开口回应只会让战争进一步升级。最好的办法是，他一开口，你立刻闭嘴，走开，去忙点别的。

孩子可能会惊得下巴掉下来。他会心想：嗯？这招怎么不管用了，没把老妈惹毛啊？以前可是很灵的……

突然间，你把孩子这堆火的风向转了，把他的嚣张气焰熄灭了不少。不仅如此，他的火堆也开始摇摇欲坠，因为他不知道你究竟要做什么。

你要扮演的角色是什么呢？你就只管沉住气，等着教育孩子的时机到来。这可能要等上几个小时。不过，迟早孩子总会来问你要点什么，或者让你做点什么，这就是你要等待的时刻。事实上，孩子一直都是需要你的，他们只是没意识到。

所以，当孩子问你要什么的时候，不论他想要什么，你的回答都必须是"不行"。孩子会焦躁不安地问："可是，妈妈，你以前不都让我这么做吗，这是怎么回事啊？"

现在，就到了让孩子接受教育的时机了："我不喜欢今天早上你和我说话的态度，所以我什么也不想帮你。不行，我不让你做。"

有些孩子，尤其是强势的孩子，会想说服你改变决定，他们会使出各种招数，包括苦肉计："可是，妈妈，你知道我说的不是这个意思……每个人都有生气的时候……难道你不爱我吗？"

有的孩子还会说"对不起"，有些时候是真心实意的，还有些则纯粹是为了达到自己的目的。

然而你不能就此打住。你要告诉孩子，他说的话带给你什么感受："如果你那样跟我说话，就等于是在说我在你生活中没有分量，我的存在无关紧要，你不在乎我，也不尊重我。既然你不希望我管你的事，那我现在就决定不再管你了。"这样一来，顶嘴就不再那么有意思了吧？

顶嘴这个问题是父母和孩子之间的一座大山，这样的问题一旦出现，就必须尽快解决。因为没有尊重，亲情的联系就无从谈起。

要让孩子完全弄清楚状况，你可能需要接连几天对他说"不"。过了这几天之后，你要乘胜追击，对孩子说："这么长时间以来，你像对待奴隶一样对待我。可我不是你的奴隶，不是让你呼来喝去，随意对待的人。我是你的妈妈，你应该给我一个母亲应得的尊重。这个星期你算是体会到没有亲情的滋味了，这真的是你想要的吗？"

你的任务是把球放到孩子的半场上，管好自己的嘴巴。顶嘴是绝对不可以接受的。家庭应该建立在爱、尊重以及责任的基础之上。没有这些重要的基石，就没有家庭的情感联系。

9. 自以为是

孩子们自以为什么都懂，他们仿佛天生就什么都知道，而且你不能反驳。

你说："演出 6 点开始。"

"不，不对。"你的女儿争辩道，"是 8 点开始。"

"节目单上写的是 6 点。"你说。

然后你们开始了激烈的争论。

对一个自以为什么都懂的孩子，你说什么她都听不进去。那么，为什么不让现实来教育她呢？如果你知道某活动是 6 点开始，而你的孩子坚持认为 8 点才开始，那就听她的好了。等到你们 8 点钟到了活动场地，发现已经全部结束了，孩子自然就尝到自以为是的苦果了。当然，你明知道去了也是白跑一趟。但是，这也给孩子上了很重要的一课：也许，可能，她并不总是对的！

通常我们为孩子考虑太多，替他们做得太多。我们作为父母都好过了头，总是想保护他们，不让他们吃亏。但是有时候，他们也要为自己的决定承担后果，需要错过他们向往已久的活动。

现实真是一位非常出色的老师。

10. 拒绝沟通

"今天在学校过得怎么样？"

"还可以。"

"你的考试怎么样？"

（咕哝声）

"你今天做了什么？"

"没什么。"

"你去哪儿了？"

（耸耸肩）

"今天晚上和朋友们干什么去了？"

"没什么。"

父母都遭受过孩子沉默的对待。"还可以"、"没什么"、咕哝声、耸耸肩。在一个双向对话中，没有什么比一方尝试交流，而另一方极不配合更令人生气的事了。

当你希望进行沟通时，会选择什么办法？你可能会说："提出问题。"在大多数的对话中这种方式是适用的，对吗？

错。我们问孩子的大多数问题其实是毫无效果的。（"今天在学校过得怎么样？"）孩子们都很聪明，他们明白当大人问问题时，自己需要给出什么样的回答才符合他们的期望。于是他们就下定决心，拒绝回答这些问题。

"但是，莱曼博士，如果我不问问题的话，我怎么会知道孩子的情况呢？"

花一分钟时间，设身处地为孩子想想。如果你一开口，你的父母就变成了法官大人，给你颁布法令，驳回你的想法，甚至否定你这个人，你还会想张嘴说话吗？

为什么不换一种方式呢？**如果你希望孩子和你无话不说，就不要提问**。相反地，要静悄悄地参与到他们的世界里去。谈论他们感兴趣的内容，即使你不太感冒。

例如，你的孩子喜欢某个摇滚乐队，虽然你并不怎么感兴趣，但你可以说："前几天我想起了那个摇滚乐队。我想知道乐队里的那些成员相处得好吗？那个梳着前卫发型的家伙，他的性格跟他的外表一样古怪吗？谁是这个乐队的队长啊？"

如果你说到了孩子的兴趣点上，他们会更愿意和你聊天。如果你对进入他们的世界表现出兴趣，那么你们之间的距离就会拉近。通过满足他们的兴趣，你表达的其实是："我爱你。我很关心你。你感兴趣的东西对我也很重要。"

如果孩子的言论让你感到震惊或荒谬，也不要说："这是我听过的最愚蠢的事情！"纵然你非常想这么说，你也应该表示："这很有意思。接着说吧。"

通过"不问问题"，你将更多地了解孩子和他们的世界。

11. 对父母不理不睬

"她那个样子，完全是把我当空气。"

"走路的时候，她总是走在我前面 5 米远，就好像
我不存在一样。"

"他从来都不听我说的话。"

这到底是怎么回事？这种行为的目的是什么？实际上，对你
不理不睬是孩子引起你关注的一种方式！"他在无视我，"你心想，
"他一定是出了什么问题。"于是你开始围着孩子转，试图打破他
的沉默，想跟他说话，但他依旧金口不开。这是为什么？

**其实，这是一场权力斗争，孩子想弄清在家里到底谁说了算，
想知道为了让他高兴你能费多大劲。**

如果出现这种现象，"要先完成 A，才能开始 B"的原则就非
常有效。如果孩子对你完全视而不见，那你也就没有必要送他去
朋友家吧？要是你的半大小子不理你，而他又去平时放车钥匙的
地方找，那就让钥匙"失踪"——跑到你的口袋里吧。如果你的
孩子无视你，可能他会发现餐桌上少了个座位。要是你在他的世
界里不存在，那凭什么还有人给他做饭吃？

记住，身心健康的孩子也有不快乐的时候。作为父母，你的任务不是逗孩子开心，而是养育一个有能力、负责任和懂礼貌的社会成员。

转变孩子的关键在于你自己的行为——你始终如一、贯彻到底的行为以及冷静、理智的态度。如果你怒不可遏地说："你到底是怎么回事？"那么你强势的孩子就赢了。

12. 摔门

"砰!"又来了——走廊又传出来门被使劲摔上的声音。

摔门这种行为很讨厌，真的让人气不打一处来。更糟糕的是这种行为背后反映出来的态度。

这种态度在说："我不喜欢你，不想跟你说话，不想待在这个家里。"

要是这种情况在你家里经常发生（我说的不是偶然一次——谁没有在气头上把门关得比平时重的时候呢？），那么你肯定有个态度蛮横的孩子，这个孩子让你不断地帮他摆平一个个危机，他掌控着全家人的情绪，也包括你的。

这样的孩子需要给予"终止疗法"。我在第 188 页"不愿与家人合作"的话题中会详细讨论这种方法，但在这里我先把重点概括下。**"终止疗法"就是，你什么也不要帮他，除非他停止摔门。**等到他终于忍不住问："到底怎么回事？"你就平静地回答：

"罗伯，你除了气冲冲地把卧室门摔上之外，好像不想再跟我们有什么交流。一家人生活在一起就要互相沟通。既然你选择不跟我们沟通，那就不能继续享受作为这个家庭成员的好处。爸爸不会再送你去参加棒球赛，实际上，你再也不用去了。你也不能去杰森家度过你计划好的游戏之夜了。要是摔门的问题不解决，你什么都得不到。"

在解决摔门的问题之前，他想要什么都不会有。还是那句话：先要完成 A，才能开始 B。

一旦采用这种策略，你会发现家里神奇般地变安静了，而孩子也突然间学会了尊重他人。

13. 把自己锁在房间里

"自从安德莉亚到了 13 岁，我就再也见不到她的人影了。她一放学回家，就立马回到自己的房间。她一直在里面打电话、发短信、换衣服，没完没了，好像我们家都没了她这个人似的。"

首先让我说明一点：青春期的孩子放学回家后跑到自己的房间关上门待一小会儿是很正常的事。对他们来说，打电话聊天、发短信是很重要的。而且，独处一段时间能帮他们应对荷尔蒙的变化和由此产生的情绪。

我要说的是那种整天在房间闭门不出的孩子。孩子在房间里待的时间是否太长，这需要父母来判断。只有你，才能通过观察孩子的举止判断他什么时候只是需要独处，什么时候是在疏远家人。有一些孩子，真的在自己的家里独来独往。

如果你们家出现了这种状况，那么首先你要评估自己的行为。当一个孩子躲在卧室里与世隔绝，把自己与家人分开时，其实他想表达的真正意思是：我不喜欢和你待在一起。每次我一开口说话，你就会纠正我、评判我；每次我穿件什么衣服，你都会笑话我；我的发型、衣服和音乐，你就没有一样喜欢的。我受够你了。

如果父母老是没完没了地跟在孩子屁股后面，唠唠叨叨告诉他这个该怎么做、那个要怎么办，那么孩子为了逃避，只能躲回到自己房间了。这能怪谁呢？你愿意一天到晚被别人批评唠叨吗？

所以，你需要问问自己：我到底做了什么，让孩子总躲到房间里？如果你天天就是打探孩子的行踪，问东问西，那就赶快打住吧！让孩子不说话最有效的办法是提问题。相反，你要做的是倾听。如果女儿提起学校的事情，你只要说："你再多说点，这事一定很有意思。"敞开对话的大门，但不要催促孩子。当你不再步步紧逼时，你会惊讶于孩子开口跟你说的话。

这种行为的核心是让孩子得到接纳。当你的孩子和朋友聊天时，朋友会接纳你认为愚蠢的发型（他们认为这很酷，或者至少不会为此嘲笑他）、紧得过分的衬衫和松松垮垮的裤子。从长远来看，这些东西都不是什么大问题。（想想你自己初二的时候打扮有多傻就能明白啦。）

你的孩子需要知道你无条件地接纳他、爱护他，这是你们一辈子都能好好交流的基础。

☺ 品行问题

1. 自私

孩子们天性自私，他们很少会对别人产生"社会兴趣"。作为父母，我们应该早就清楚这一点，因为孩子一出生的时候，就会因为自己的感觉而啼哭，他们只关心自己，自己是否温暖、安全，肚子是否饱饱的。他们的生活是真正的"以自我为中心"。人类真是个有意思的物种，不同于其他动物，人从生下来到能够完全自理需要一段时间（相比而言，动物完成这一过程要快得多）。在出生后的一年里，孩子通常不会说话，不会自己吃东西，需要完全依赖妈妈（爸爸没有婴儿需要的身体器官）。

当孩子开始会到处走、到处跑的时候，就到了一个很好的教育时机，可以教会他们什么是分享（更多内容见第 212 页"懂得分享"）。孩子自私的天性经常会在各种事上暴露无遗。一旦这种情况发生，就可以对孩子说，"你刚才的做法非常自私，你是真的有意要这样做吗？"

大多数时候，孩子会说"不是"。

这时你就可以问："你能不能想个更好的方式来处理问题？要不你马上给朋友回个电话，说你改主意了？"

在这种情况下，你的责任就是做一个牧羊人。你可能得用鞭子把羊儿轻轻地赶到正路上去（虽然有时候你气得都想劈头盖脸地抽他们一顿）。

每位父母都有责任把孩子带到行事无私、为人着想的正道上来。我在讲座上会这样问家长："我们为什么遇到红灯要停车？"他们多半会说："因为这是法律规定的，不这样就会吃罚单。"但我说："最佳答案是：我们停下来是为了不伤害别人。"

请注意这两种答案之间的区别，以及人们最先想到的答案不是替他人着想。因为人人都有私心。

教孩子不自私，其实是在教孩子违背自己的天性。

健康的孩子有个重要的特征，就是能学着不自私。我们家就一直致力于培养孩子这样的品质。从 10 岁开始，劳伦就总会抽时间给我们资助的一个萨尔瓦多的孩子写信。让她知道并懂得世界上大多数人都远不像她拥有的那么多，对她来说是有好处的。此外，我们还会在节假日给贫困家庭送去生活用品。

以家庭或个人的名义给比自己生活困苦的人施舍，从而让孩子进行效仿是一种很有效的做法。我有一对朋友夫妇每周六早上会去施粥站做义工，他们的几个十几岁的孩子也随他们一同前往。有意思的是，在他们做义工之前，这帮孩子总是缠着父母给他们再买辆车，这样他们就不必等着爸妈的车没有在用的时候才能开了。可在施粥站干了三个星期之后，这事儿就再也没人提起了。

如果在孩子身上看到自私自利的苗头，不妨让现实来给他们一点小小的教育。在施粥站当义工的那家孩子就很好地学了一课。又比如说有个独生女不肯把东西分给邻家小孩吃，于是她妈妈决定，自己的东西也不分给女儿吃，这也是让现实来给孩子上了一课。

　　教育孩子不自私，从长远来看是有好处的。我在我们家老四汉娜身上总能看到这种品质。无论问哪个认识她的人，都会说无私是她的生活方式。去年冬天，汉娜的一个同学需要一件冬衣却没有钱，汉娜知道后，悄悄买了一件送给这个姑娘。

　　相信我，这可不是因为她爸爸是个有名的心理学家，而是因为汉娜的成长环境——她的兄弟姐妹如何与她互动，以及我们如何与她互动——也是因为她所看到的家，是一个充满着爱与奉献的地方，让她懂得去为别人着想。我说这些，是不是为了把自己家孩子夸到天上去？不是！我只是以此为例，来解释这样一个简单的道理：孩子的行为是在家庭里学到的。如果你的家庭能让孩子觉得被爱、被无条件接纳，那么，当孩子离开家庭独立生活的时候，他们就会延续在家里学到的优良作风。

　　与此相反的情形是什么样的呢？随便翻翻媒体的新闻，你会看到各种各样的案件报道，这些犯下罪行的人都没有在良好的环境中长大。监狱里挤满了从来都不知无私为何物的人。

　　教导你的孩子无私，那么当他步入社会的时候，他将会成为奉献者，而不是索取者。

2. 撒谎

孩子撒谎一般有两个原因。

一是为了实现愿望。有的孩子会回家告诉你他在足球比赛中进了 3 个球，然后你发现他根本没参加比赛。

二是出于恐惧。你问："是你打碎花瓶的吗？""没有！我没有！是那只猫干的！"你 6 岁的孩子辩解道。

大多数孩子是因为恐惧而撒谎。但是，撒谎是个严重的问题，因为人与人之间的关系要建立在信任的基础之上。否则，你就会觉得受到了侵犯。

因此，**如果孩子对你撒谎，你必须戳穿他的谎言，并告诉他撒谎是不可接受的**。此外，孩子还要承担撒谎的额外后果。比如几天之后，你的孩子提了些无伤大雅的要求，例如：

"我可以和隔壁的罗尼一起玩吗？"

你的回答必须是个正经八百的"不行"。

"为什么？"你的孩子问，"你一直都让我去的啊。"

现在是教育孩子的大好时机，甚至比当面戳穿谎言还要有用。

"亲爱的，我不是很确信你是不是真的要去你说的地方。还记得星期三晚上你告诉我你要去苏珊家——结果你根本没去吗？"你需要劈头盖脸打孩子一顿吗？不需要。但是这种话只要说上两三次，就会给孩子留下深刻的印象：撒谎是不可行的，不仅对自己没有任何好处，而且还会破坏你们之间的信任。孩子们必须看到并感受到直接的后果。

有一句古老的格言是这么说的：**"实话实说，可免责罚。"** 在你的家里也必须做到这一点。如果你的孩子确实打破了花瓶，并对你实话实说，你可以告诉他，虽然你不高兴，但他不会因为告诉你真相而受到惩罚。在这种情况下，你开口说话之前需要仔细斟酌。因为你的反应直接关系到孩子是不是能放心地跟你讲真话。

孩子们有时候会稀里糊涂做一些傻事，比如把照相机悬挂在车窗外，结果弄掉了。但是，如果他们承认错误，表示歉意，那么他们就应该有改过自新的机会。你不会对他们犯过的错揪着不放。这样，你们之间的关系仍然会很不错。

关于撒谎这个问题，还有一个关键点：父母必须注意，自己也不能随意撒谎。即使是些无伤大雅的善意的谎言，也仍然是谎言。假使你对孩子说："如果有同事打电话过来，就说我不在。"这是假话，而你的孩子也很聪明，能明白这一点。孩子会觉得，既然你可以撒谎，那么我也可以撒谎。

3. 说脏话

有时候，年纪小的孩子会无意识地说脏话。他们会把学校听到的带回家，在饭桌上就试验起来，他们口中的话让众多家长惊讶万分。

有位妈妈告诉我，有一天他们一家正在其乐融融地吃晚饭，6 岁的女儿萨曼莎突然一本正经地说："你他妈的能把土豆递给我吗？"第二天晚上，萨曼莎8岁的姐姐也说了带"死"字的脏话。

这两件事让那位妈妈惊讶万分，吃饭的叉子都快掉下来了，但孩子们却平静地回头看着她。8岁的大女儿还面无表情地问她："该死是什么意思啊？"两个孩子都不知道自己在说什么，只是重复从别的孩子嘴里听到的话。

惊讶的妈妈血压都升高了。从震惊中慢慢恢复后，她决定好好利用一下这件事，这是对孩子进行教育的好时机。

她说："我知道是什么意思。"接着她解释了这些词的含义，还告诉她们经常会在公共场合听别人用这些词。"但是，我们一家人不能说这些话，因为它们是脏话。"

你需要告诉孩子：你说的话反映了你的品格。别人会根据你的言语对你进行评判，虽然真实的你可能并不是人们想的那样。要是你经常说脏话，你希望在别人心里是那种口无遮拦的形象吗？

这件事的底线是，你要在家里确定好哪些话是不能说的，然后对自己的决定坚持到底，并把这样的价值观传递给孩子。

4. 偷东西

如果孩子偷东西，最重要的不在于他是否当场被抓，而是他偷东西的事实。这是一种需要立即解决的行为。

无论孩子偷的是几毛钱的糖果，还是名牌牛仔裤，都要押着孩子把东西尽快物归原主。**你可以陪孩子走进商店里，但不要代替孩子说话。**孩子必须亲手把物品交还给店员（或者邻居以及其他遭到偷窃的人），并道歉："对不起，这是我拿走的。我知道错了，现在我来还给你。"

父母们，拜托你们不要因为怕脸上无光，就把孩子偷东西的事藏着掖着。比如，你发现儿子偷了一块糖，就立刻带着孩子回到商店，找到店员，将糖交还给他，并让孩子亲口道歉。你可能会发现，店里的大人通常都想和你沟通，但这时你要把对方的注意力转到孩子身上，让孩子自己把事情说清楚。

如果你事后才发现孩子偷了东西（比如，你晚上回到家，或者到了第二天才发现这个偷窃的物品），要尽快打电话到商店，确认是不是能找到商店经理以便让孩子亲自道歉。同样，一定要让经理明白：他说话的对象是孩子，而不是你，这样做是要让孩子明白偷东西是不对的。

尽管对于父母和被抓现行的孩子来说，偷东西是件丢脸的事，但也没有必要太过严惩，只要孩子能把东西物归原主并接受被窃商店（或邻居）的处置，这就达到效果了。通常，一个有威信的外人对孩子说上几句严厉的话，就足够制止他的这种行为了。

我听说有一家商店的老板，让一个偷手表的男孩放学后来店里擦整整一星期的地板；还有一家商店的老板，让一个偷钱包的女孩扮成顾客，来监视那些可能到店里顺手牵羊的青少年——这样的惩罚方式确实颇有新意。

很多孩子是从商店里偷东西，还有一些孩子则从自己家的抽屈里偷硬币。在哪里偷东西并不重要,重要的是必须处理这种行为,要让孩子知道这样的做法是不诚实的,也是不恰当的。除非这个东西是送给他的,或者是他花钱买的,否则就不属于他,而是属于原来的所有者。

物品所有权这个概念,应牢牢扎根在孩子的脑子里。

5. 出言不逊

孩子们总是直言不讳,有时他们还会莽撞行事,但不是存心的。比如,在超市排队结账的时候,你女儿问你:"那位女士为什么这么胖?"而"那位女士"就站在你身后。

所以,**如果孩子出言不逊,在反应之前,先问问自己:他这么鲁莽是无心还是有意?**如果孩子只是心直口快地提问,你可以说:"亲爱的,你刚才说的话听上去很没有礼貌,不过我觉得你不是故意的。有时候我们说了些无礼的话自己还并不觉得。我想你应该只是很好奇吧?"

如果孩子确实是有意为之(作为父母,通常你能看出区别),就把孩子拉到一边对他说:"你刚才说的话很没礼貌,你得马上道歉。这是对别人的不尊重,在这个家我们不能没大没小。"但你也不要越俎代庖,替孩子去道歉。你可能需要把孩子带到别人面前,但道歉的人应该还是孩子。孩子必须认识到粗鲁无礼的严重性,这样下次他在说话之前就会先斟酌一下了。

6. 骂人

"学校的管理员打电话到家里说，我三年级的儿子管另一个男孩叫'肥仔'，把他弄哭了。我尴尬得很，不知道该说什么。卢克为什么要这么称呼别人？他自己也没瘦到哪儿去啊！"

"我的整个童年都是在邻居家孩子的辱骂声中过来的，因为我和他们不属于同一个种族。所以我女儿幼儿园放学回家，问我'妈妈，什么是西班牙佬？有个小朋友这么叫我'的时候，我真的很生气。"

孩子们为什么要互相辱骂？因为给别人贴标签会让自己感觉很好。**辱骂者表面看起来强壮专横，但这种行为其实透露了他们内心没有安全感。**尽管如此，还是必须要制止他们，否则他们可能会对其他孩子造成很大的伤害。

如果你的孩子骂了另一个孩子，你可不能睁一只眼闭一只眼随它去，要掷地有声地制止他。

你要这样问孩子："你是自我感觉不太好吗？"

"你说什么？"孩子会反问。

"你刚才在骂你的弟弟。你叫他××，而这样骂别人的人一般都是很讨厌自己。你这样明显地对自己不自信，让我很担心。"

通过道出本质，是不是就让骂人变得毫无乐趣了呢？很快，孩子的脑海里就会出现这样一种印象：**如果我骂弟弟，我是不是**

在透露给别人我很不自信？

孩子大都比较直接。他们有时会说一些无知或天真的话伤害到他人，而且父母也能辨别他们说些不合时宜的真话仅仅是因为好奇（"妈妈，为什么那个女人的脸和身体全都是黑色的？她的肚子也是黑的吗，还是像我一样是白色的？"）还是故意辱骂伤害他人。所以这一切都关乎态度。

当辱骂的内容涉及种族、民族和身体特征时，对孩子的伤害尤其大。比如，有人告诉一个小女孩说，她不能和同学一起玩，因为她没有同学那样的金头发。还有个男孩，别人说他的耳朵"很奇怪"，然后在接下来的三年里，他一直央求父母给他的耳朵做手术，好看起来正常些。

我小时候，班上有一个女孩，她的鼻子很像猪鼻子。大家都叫她"猪脸"。你能想象吗？真是个可怜的姑娘！直到今天，当我回忆起她经历的事情，还是觉得心里很不安，同学们开玩笑的话一定让她绝望透顶。孩子们有时候会很残酷。所以不能允许你的孩子成为那样的人！如果他总爱骂人，你必须立即解决这个问题。不能等，不能让孩子去欺负别人。

如果你的孩子是那个受到辱骂的人，你要鼓励他："亲爱的，我知道别人这样说你会让你很痛苦。但是你处理得很好，我为你感到骄傲。你跟那个女孩说的话以及给她讲的故事证明了什么是真正的友谊。"你对孩子处事方式的表扬，会大大超过被辱骂的痛苦，并且会让孩子恢复自信，这比任何其他的方式都有效。

通过这种方式，你是在告诉孩子：**是的，有时候别人会欺负**

你，但你怎么应对这种情况会决定你将来成为什么样的人。如果你堂堂正正泰然处之，从长远来看，就会立于不败之地。

7. 动手打人

"是她先打我的！"
"他先动手的！"

大多数孩子觉得在和兄弟姐妹的小冲突中互相打几下再正常不过了。对这种打闹他们连眼睛都不会眨一下，也不会感到惭愧。

父母常常会花大把时间找出谁是始作俑者。不过你得想想：一个巴掌拍不响，打架是需要彼此"合作"的。因此，**谁打了第一拳其实无关紧要，你也没必要费力去弄清谁说了什么或做了什么**。当务之急是要把两个打架的孩子拉开，然后把他们带到一个房间里单独待着，关上门，让他们在里面大眼瞪小眼，直到他们自己把问题解决为止。

令人惊讶的是，这个办法适用于任何年龄，无论3岁还是15岁。当然，3岁的孩子通常无法解决自己的问题，但这样做相当于让他们暂停下来冷静一下。不在妈妈身边，而且知道惹妈妈不开心本身就够糟糕了。你知道吗？对于3岁的孩子来说，即使是一分钟的暂停，就像一辈子那么长。

前几天，我女儿克里西就让她儿子小康纳自己回房间待着，因为他打了妹妹。他像小战士一样踏着行军步走回了自己房间，安静地坐了下来，这让我忍俊不禁。和妈妈分开了"一辈子"那么长（其实只有3分钟）之后，克里西喊他："康纳，你准备好下来了吗？"他用悔改的语气回答道："是的，妈妈。"

重点是，当孩子下楼时，他需要准备好再次融入家庭。这意味着即使他不情愿，也要尊重他的妹妹。

当两个孩子在早餐桌上打架时，把他们两个从桌边拉开，然后带到一个房间里，关上门。这对你来说有另一个好处：当他们俩解决了问题出来时，早饭已经吃完了。这意味着午饭前他们只能饿肚子，而且放零食的柜子也是不能打开的。饿上几个小时会让他们没命吗？不会，只是午饭可能会吃得比平时多。通过这么做，他们会清楚地知道，你不喜欢也不会容忍他们在餐桌上打闹。

另外，**在任何情况下，都绝不能允许孩子打你。**我曾经看到一个6岁的孩子动手打她怀孕的妈妈，一挥手正好打到肚子上，而她妈妈只说："哦，我知道你肯定很生气。你不是真的要打我吧！"

很多父母认为孩子，尤其是年幼的孩子，在打你的时候并不知道自己在做什么。这值得商榷。但不管是不是这样，你都不能允许这种行为继续下去。如果你11个月大的孩子打了你的脸，你可以紧紧按住他的手臂，然后用你的手臂绕住他的手臂，这样他就打不到你了。同时，你可以温柔而坚定地轻声说："不要打了。妈妈不喜欢这样。"要尽早在你们的关系中划一条界限，让他知道打人是不可接受的。**最重要的是，不能回击孩子。**（对于能接受打孩子这种教育方式的家长来说，打孩子是有意为之，是为了改变孩子的行为，这和那种不假思索回击孩子是完全不同的。请参阅第 260 页"该不该打孩子？"。）

如果你想拥有一个完美的孩子，那还不如找一个人体模特回来。孩子们不是模特人偶。为人父母的关键在于你和孩子的情感联系——建立在爱、相互尊重和合作的基础上。让你的家不再有打人的行为，一旦发生要马上予以解决，这对于建立一个安全的环境至关重要。

礼貌问题

1. 学习讲礼貌

礼貌永远不会过时。从一开始你就应该教孩子懂礼貌。如果你还没有教会孩子，那么现在开始也为时不晚。不管什么年龄的人都可以学习讲礼貌。

当我的外孙康纳拖着小鸭子滑轮行李箱离开我们家时，他会主动说："谢谢您，外公。谢谢您，外婆。"为什么他才 3 岁就会做很多年轻人都不做的事情，而且不需要提醒？因为我女儿花了不少时间教育他要彬彬有礼。

恕我直言，训练孩子和训练小猎犬有很多相似之处。你必须一遍又一遍地教他们做同样的事情，直到这变成他们的习惯。

我是个和其他家庭拼车接送孩子的爸爸，每当我开车送完孩子们，他们却忘了说声谢谢的时候，真的让我很苦恼。我在想，如今的孩子们都怎么了？接着我还想知道，他们的父母到底怎么了？

日常礼貌是你理所应当教会孩子的事情。没有学会说"请"、"谢谢"和"不客气"的孩子，是难以让人接受的。

我认识一个小女孩叫梅，她的礼貌又更进了一步。当有朋友来家里玩时，她和妈妈会在玩耍结束后一起送小伙伴回家。梅会陪着朋友走到他家门口，然后她不仅感谢朋友到她家和她一起玩，还感谢朋友的妈妈允许小伙伴到她家玩。梅的母亲笑着对我说："你应该看看那些妈妈第一次听到梅跟她们致谢时惊讶的表情。后来她们告诉我，她们对此非常赞赏，因为这真的很不同寻常，她们欢迎梅随时去她们家玩。"

礼貌会让孩子的一生都受益良多，不要忘了教会他们这些基本常识。

2. 日常礼节

关于这个话题我不需要举任何例子，因为你完全能明白我的意思。如今，人们的日常礼节都去哪儿了？

有的孩子接受了别人的帮助，却连句"谢谢"都不说。这难道不是最基本的礼仪吗?

这些孩子的表现和我的小外孙康纳形成鲜明对比。康纳从 3 岁起就总是会感谢我和他的外婆,而且每次说的时候都不需要妈妈提醒。比如我们给他喝了一杯饮料,或者拿给他饼干时,他就会感谢我们。要是一个 3 岁的孩子都能记得说声谢谢,为什么十几岁的孩子反而做不到呢? 可能是因为根本没有人教导他要怎么说、怎么做吧?

如果你的孩子还小,就要从现在开始指导他该说什么。**如果没有人提醒,孩子们是学不到怎么说谢谢的**。为了提示孩子感谢别人的善意,妈妈可以问:"你应该说什么呀?"这样孩子就能记住:"哦,我应该说谢谢。"如果妈妈一遍又一遍地强化这一点,那么孩子到了 3 岁的时候,就应该自然而然地会说谢谢,不需要别人提醒了。

同样地,如果没有人教导和提醒,孩子们也学不会基本的礼仪。所以,要教会你的孩子说"请"和"谢谢"。**如果你还没有教孩子这些基本礼仪,那么现在开始也为时不晚**。你要教孩子怎么在腿上放餐巾;告诉他们如果餐桌上有好几把叉子,应该先用哪把,每一种餐具应该怎么使用,等等。你也要告诉孩子在咳嗽的时候应该用手臂遮住嘴,而不要对着别人的脸;要是在开门前咳嗽,不能用手捂住嘴,因为你开门时手上的细菌会污染门把手。你还要告诉孩子,在公众场合打嗝或者让身体发出其他的声音,都是不礼貌的行为。

为什么不把学习餐桌礼仪变得有创意、有乐趣呢? 我们家有一个游戏叫"抓住不守礼仪的人",每个人都喜欢玩,它对 6 到 10 岁的孩子特别有效:饭桌上,在每个大人和孩子面前都放上一堆硬币,要是你发现有人的行为举止没有遵守礼仪,就可以从他们的硬币中取出一枚,放到自己的那一堆里。如果你是像我这样的"傻瓜"爸爸,可能会张着嘴咀嚼,这样就有人能抓住你了。你也可以用命令的方式说"把土豆给我",等着有人来纠正你应该说"请把土豆递给我"。你甚至可以发出打饱嗝的声音。在这个过程中,为了加强教育效果,需要发挥创造力,而你的孩子会喜欢的。在这个过程中,需要他们的妈妈爸爸犯一些错误。为什么不给孩子们创造一些机会,用自己的错误教育他们呢?

例如你的孩子收到了一份礼物——3 岁以后就不应该再提示孩子说谢谢了—— 如果他没有主动说谢谢,当你们上车的时候该怎么办?你可以说:"亲爱的,我发现你没有对送你礼物的那位女士说谢谢。"

"哦,妈妈,我忘了。"孩子可能会这么说。

"好的,谢谢你告诉我。你要给这位女士写一张纸条或者打电话感谢她,在你完成之前,我会替你保管这份礼物。"

在这种情形下,你所做的究竟是什么呢?你并没有因为孩子忘了说谢谢而斥责他,也没有因为他让你很没面子就把他揍一顿。要教孩子做正确的事情,最有效的方法就是延迟得到礼物的满足感,孩子不完成任务,就不把礼物给他。要知道,每个孩子都希望立即拿到新玩具开始玩。

3. 表示感谢

表示感谢是一种基本礼节。每个人都应该知道怎么说谢谢，父母和孩子都是如此。**但道谢并不是孩子天生就会的。如果没有父母教导，两三岁的孩子是不会懂得去关心别人的。**而且，如果孩子 3 岁的时候还没有学会说谢谢，那么到了十几岁也不会自然而然就会说的。

有个 6 岁的小女孩，从十个孩子当中被挑选为嘉宾小提琴手，和当地大学的乐队合奏。演出结束后，她在没有妈妈提醒的情况下，主动走到乐队指挥面前，说："谢谢您给我机会和你们一起演奏。我很喜欢这次表演，希望你们也喜欢。"乐团指挥惊讶万分。他挥手致意女孩妈妈过来，问道："你知道她刚才说了什么吗？"在跟母亲复述了女孩的话之后，他继续说："我担任乐队指挥已经 12 年了，邀请过几十个孩子和我们一起参加大型活动。但没有一个孩子说过谢谢，你女儿是唯一的一个。"看看一句简单的"谢谢"能带来多大的影响？

不要忽略教给孩子基本的礼貌，包括道谢。这意味着，如果孩子收了礼物但没有表示感谢，生活就不能如常继续下去，她也不能使用这个礼物。如果你的孩子去朋友家玩忘了说声谢谢，那么下一次他要去玩你就不能答应。

一定要让孩子学会说谢谢，并且坚持让他这样做。

4. 索要礼物而不知感恩

"她每次都这样。甚至在感恩节之前，她就已经列好了一份想要的圣诞礼物清单，有几页纸那么长。"

"圣诞节我的老板送了他儿子一辆摩托车。可他儿子才 17 岁！"

如今，孩子们得到的东西太多了，尤其是中产和富裕家庭的孩子。明智的父母应该能够辨别孩子需要什么和他们想要什么之间的区别。

吉尔告诉我："每次我在公婆家过圣诞节时，我都会感到害怕。每个人都一股脑儿地在五分钟之内把所有礼物都拆了，然后抱怨他们拿到了自己不想要的礼物。"

在今天的社会，孩子们会看到琳琅满目的商品，想要的东西也越来越多。但这是否意味着什么都要满足他们呢？

我建议家长尽量减少送给孩子的礼物数量。例如，比林斯一家有三个孩子，每个孩子都收到了一份圣诞大礼，但礼物的挑选是经过深思熟虑的。它们必须具有长期价值，而且还能塞进圣诞长袜里。9 岁的孩子收到了梦寐以求的曼陀林以及配套的课本和录音带；10 岁的孩子得到了溜冰鞋和附近溜冰场 6 个月的会员资格；13 岁的孩子得到了第二年夏天为期一周的骑马训练的礼品卡。这样的礼物体现了父母对孩子的了解程度，他们珍视长久的体验，而不是花钱买会弄破或弄丢的塑料玩具。

我们一家人在圣诞节期间的固定节目是帮助困难家庭。我们会送给他们一些生活必需品，比如日用品和衣服等，还给这些家庭的孩子们准备了圣诞节的趣味小惊喜。这些年来，孩子们都跟着我们一起去送礼物，这逐渐培养了他们对困难人群的关爱。这将是伴随孩子终生的品质！

孩子们收到的礼物中，有些是其他人送的，所以你很难控制礼物的数量，不过你可以这么做：每次要拆礼物的时候，让一个人一次只拆一份礼物，这样孩子就不会醉心于疯狂拆礼物，把包装全撕开，压根不考虑这是谁送的礼物、这个人花了多少心思。很多家庭还坚持孩子在把礼物拿出来玩之前，必须先感谢送礼的人，无论是亲自道谢，还是通过纸条或者打电话的方式表达谢意。

面对现实吧：我们都见过那种不知感恩的孩子，他们关心的只是收到的礼物多不多、好不好。几年前，一个有钱的父亲找到我，说他正为女儿头疼苦恼。他承认自己不缺钱，给女儿买的礼物都堆成山了。不仅如此，只要孩子想开家里的豪车，随时都能开出去。她总是和朋友出去玩、逛街、吃饭，她想做什么都能轻易地如愿以偿。而她竟还口出恶言，要是妈妈没有给她想要的，她会骂她"该死的贱人"，骂她爸爸的话就更难听了。

今年她宣布想在圣诞节收到一部 iPhone 作为礼物。她父亲不知道该怎么办了。她的生日和圣诞节，还有其他时间，父亲总会送她很多设计师品牌的礼物。坦率地说，她是一个被宠坏的小混蛋。

我给这位父亲的建议是，今年不要在圣诞树下放什么礼物了，而应该放一封信给她，里面写着：

我们非常爱你，所以你的圣诞节礼物就是这封信。

今年没有 iPhone，也没有其他礼物。今年你需要安静下来，好好想想应该怎么对待父母、兄弟姐妹和学校的朋友。

爱你的爸爸妈妈

听了我的话后，这位父亲咽了口口水，脸色变得有些苍白，但他还是照做了。在那个圣诞节的早晨，他向女儿传达了一个信息：他是爱她的，但不会再容忍她的行为。

圣诞节你的孩子真正需要的是什么？让我用一个小故事来回答这个问题。我曾经为亚利桑那州的一家报纸写专栏，有一年，他们让我写一个关于这个话题的文章："圣诞节你的妻子最想要什么？"我的回答是："一整年都得到亲切和尊重的对待。"这篇专栏文章很有影响力，因为之后我收到了很多读者来信。有一位保险销售员甚至在看球的时候拦住了我，告诉我那条建议棒极了，非常中肯。他承认："我是赚了很多钱，也给了我妻子很多东西，但我经常对她招之即来挥之即去。我没有尊重过她，也没有善待她。那篇文章让我意识到，礼物其实真的无所谓，我的妻子需要我的尊重、爱和善意，还有陪伴。你真的让我恍然大悟。"

除了"给我给我"之外，**孩子真正需要的是什么？是父母对他们的尊重和善待，帮助他们学会同样对待别人，并给他们足够的陪伴。**这样的礼物能让孩子受益一生，而那些会生锈破裂的小玩意则不能。

5. 电话礼仪

"喂，你是谁？"

"我是梅根，请问您是哪位？"

"喂，什么事？"

"这是莱曼家，请问您有什么事？"

你的孩子是怎么接电话的？你有没有教过孩子恰当的电话礼节，告诉他们应该如何接电话？你有没有教过孩子不要向任何来电者透露自己一个人在家的信息？你应该教他说："对不起，她现在不方便接电话，需要我转达吗？"

当别人打电话找你时，孩子是说："请问您是哪位？我告诉她。"（这么说比径直问对方"你是谁？"更有礼貌），还是在屋子那头扯着嗓子叫妈妈？

接下来，孩子应该怎么答复呢？应该按照你们家的习惯作答，比如："请稍等，我帮你去叫她。"

如果你认为这不是什么大不了的事，请往下看再做考虑。我和商界人士交谈时会问他们："谁为你的汽车经销店接电话？"他们回答是前台接待员。那么，前台接待员就是这桩业务中与外界联系的第一个人，也就是说她是你这个首席执行官的代言人。同样，在家里你也要搞清楚谁在帮你接电话，怎么接的电话，因为这将反映出你的为人以及你经营家庭的方式。

如果孩子需要在电话里向对方提出要求，可以教他这样说："我想请您帮个忙，可以吗？"听到这样的开场白，电话那头的人一般不太可能会说："滚蛋！"通常这种请求会让接电话的人不自觉地说："你需要我怎么帮你？"你看，只是措辞上的微妙变化，产生的效果就会完全不同。

我在前文中谈到过如何应对孩子在你打电话时打岔的问题（请参阅第112页"爱打岔"），在这里我再简要地总结下。大多数家长会捂住电话，示意孩子安静，或者对孩子大吼："安静点好吗？我在打电话！"不过，要想让孩子长记性，一个更有用的办法是让他离开你所在的房间，用行动告诉他们（同时也不必中断你手上的事情），你希望他在你打电话时尊重你，并保持安静。毕竟，他们在给自己的朋友打电话的时候，你可没有在他们面前上蹿下跳地耍猴戏。

责任问题

1. 不想做家务

"可是我想要……"

"我不想做……"

孩子们天生自私自利，不顾及他人，因此你得教育他们改变这种行为。你是父母，在孩子面前有高度的威信，所以这是你非常重要的任务之一。孩子们要明白自己不是宇宙的中心，这个世界上还有其他人需要考虑。

假设你有个 12 岁的儿子，以及 9 岁和 8 岁的两个女儿。你和他们谈到过很多次你们是一家人，需要彼此分享快乐，共同承担家务活。你的孩子会拿到零花钱，你们大家一起去旅行。但是你的儿子却总是不理解，他对帮忙洗碗和打扫浴室颇有微词，因为他不想做这些事。他还抱怨你给他做的带到学校的午餐便当不好吃。他对你在厨房做的所有事都能提出批评，包括你做晚饭的烹调方法。他对妹妹们做的一切也都看不惯。

对此你能怎么办？比如某天晚上你要准备做晚饭，而他就站在那儿，批评你和妹妹们所做的一切。"听着，女儿们，"你可以说，"你们俩来卧室帮我个忙。埃文，你可以自己做晚饭。这样一来，就可以完全按照你喜欢的方式来做了。"

你觉得这样他会明白你的意思吗？绝对的！

此外，你还要给他分配任务，不仅要做自己的，还要帮妹妹们做一星期的午饭。如果他埋怨打扫浴室，就安排他清洁家里所有的浴室。他很快就会明白这个世界不是只有"我、我、我"。

重点是，作为家长，你始终要教导孩子怎么承担责任，如何为他人着想。因为孩子就是孩子，他们总会表现出幼稚的一面。但是，当你花时间好好引导他们，就可以塑造出良好的态度、行为和长期的品格。

2. 忘了做家务

"妈妈，我一定得做吗？"

"我真的很讨厌做这些事情。"

每个家庭都有必须要完成的任务，而每个家庭成员都需要出一份力来完成它们，无论是小孩子、大孩子还是父母。年幼的孩子也可以做很多事情，例如摆桌子、洗碗、把衣服放到洗衣机里、收集垃圾、打扫门廊、洗车，还有照顾宠物。随着孩子慢慢长大，他们可以帮忙完成更复杂的任务，例如修剪草坪、去商店买日用品、给车换机油、在网上搜索适合家庭度假的地方等。

有时候孩子会忘了做家务，这时不需要小题大做。只要跟孩子说："亲爱的，你今天忘了遛狗，我知道你是因为着急赶着去上学。我看到罗西在转圈想上厕所，我就把她带出去了。"很多时候，孩子会回答："哦，谢谢妈妈。我忘记了，真对不起！"事情就到此为止。第二天他肯定会记起来。

但是，如果忘记遛狗变成了家常便饭，那么你就要采取一点特别的手段来引起孩子的注意。我发现最好的办法是从经济上给孩子一点打击。不要警告，不要威胁，不要抱怨，也不要争吵。只需要把钱付给其他人来完成这项任务，然后从孩子的零花钱中扣除这笔费用就行，要是没有别人可以帮忙的话你就自己来做。这样孩子就能清楚明白地领会你的意思了。家庭，以及家里需要做的事情，是必须放在第一位的。

以下这位妈妈的行动很快收到了成效:

"杰森负责每周倒垃圾。当他连续三个礼拜都没有倒时,我的朋友给我出了个主意,说这是她当初用来教育自己儿子的办法。等儿子去上学以后,她把家里和外面垃圾桶里的垃圾全都收集起来,放到儿子的房间里。她还把房间门关上,让那些臭气熏天的垃圾在卧室里待了一整天。等到儿子回家的时候,房间都已经臭得不像话了。我后来对杰森也用了这一招。唉,绝望的妈妈该出手时就得出手!他明白了我的意思,尤其那天他正好带着朋友一起放学回家。这是半年前的事了,自此之后,他再也没有忘记星期一要倒垃圾,并且他会为此早一点起床。当杰森发现我对这件事是很认真的,对于我要求他做的其他家务,他也不再抱怨了。"

3. 总想让大人代劳

"我做不到,妈妈。"

我5岁那年,觉得妈妈做的三明治就是比较好吃些。老天作证,我当时真是这么认为的。但是,现在回头看看,我发现了另外一点:我那时是个喜欢摆布人的小坏蛋,自己懒得做三明治,想让妈妈都代劳了。毕竟我是家里的小宝贝，习惯了别人帮我做事，自己连手指都不愿动一下。

显示自己的无助是一种隐秘的操纵技巧，年幼的孩子（尤其是家里的心肝宝贝）非常擅长。小时候有很多次，我设计让哥哥被父亲教训，吃尽了苦头。因为我知道该对爸爸说些什么，该怎么说，怎么能让爸爸因为哥哥没帮我而对他发火，就仅仅因为我的年龄比较小。

解决这个问题的首要法则很简单：不要帮孩子做他自己能做的事。年纪很小的孩子也能自己做三明治，即使这意味着会弄得台子上一团糟，也得让他们自己清理收拾。如果孩子要打电话而且知道电话是怎么用的（或者通过一些简单的指导就能学会），那你就没必要帮孩子打这个电话。

我们在帮孩子做事情吗？是的，一天到晚都在做。这是为人父母的职责。但是聪明的父母能辨别是否因为孩子不想承担责任而替他们做了过多的事，无论他们是 4 岁、10 岁或是 16 岁。

让孩子逃避责任是很容易的。作为父母，有些事你自己动手要容易得多。但是你知道吗，哪怕让孩子自己做一份简单的花生酱、果冻和三明治，也能让他很有成就感。

你不仅是孩子的家长，还是他的老师。因此，要教他们做一个负责任的人。他们掉落的球或者应该负责接到的球，不要帮他们捡起来。

4. 不愿与家人合作

　　"他从来不愿做家里其他人想做的事，却总是要让大家做他想做的，否则他就像个输不起的无赖，让我们所有人一整天都没法好好过。"

　　我在这里讨论的不是偶然现象（说实话，谁都有任性的时候）。我说的是那种太过自我的孩子，他总是让你一次次陷入危机。你刚扑灭了前一场火，下一场火马上就烧起来了。他的态度很明确：只有他的愿望才最重要，其他人的都不重要。

　　对此你能怎么办？我有一剂行之有效的处方，那就是"终止疗法"。

　　这具体是什么意思呢？

　　你的孩子已经习惯得到各种各样的东西：零花钱、午饭钱、吉他课、去朋友家玩。突然之间，所有这些特权都终止了。没有警告、没有前奏、没有动怒，直接就停止了。你的孩子要出门去上吉他课，然后上了车。他在车上坐着等啊等，一直等，你就是不出来。最后他终于等不住了，进屋问："这是怎么回事？我们还上不上吉他课了？"

　　现在是你教育他的好时机。

　　"我打电话取消了你的课程。"你冷静地说。

　　"什么？"他惊呆了。

　　"好吧，你爸爸和我聊了，觉得你好像不想待在这个家，所以就按你的想法过一段时间吧。作为这个家庭的一员虽然有些特别待遇，不过我想，你还是应该按照自己想要的方式去生活。我们不能强迫你做什么，但是家里的运作方式会发生些变化。我不会再开车送你去上吉他课，我们也不会帮你交费用。"

这种方法对年龄较大的孩子非常有效。有时候，你必须挑他们的要害痛击（当然只是个比方，不是真的动手），才能让他们得到教训。

5. 想养宠物

家里的宠物到底算谁的？

如果你给孩子买了宠物，原因想必是：（1）你觉得养育宠物对孩子有好处；（2）或许孩子真的很想要那只毛茸茸的小狗。那么我建议，权当这个宠物是你自己的吧。给 5 岁以下小孩买宠物，那绝对成了你的宠物。给 5 到 10 岁之间的孩子买宠物，主要还是你的宠物。过了 10 岁，宠物才有可能是你孩子的。

孩子应该照顾自己的宠物吗？当然。如果他们想拥有宠物的所有权（"这是我的狗"），那么遛狗、喂狗、给狗梳毛还有清理粪便的事情也得归他们负责。即便是 5 岁大的孩子，也可以用小铲子铲起狗屎，把它扔到垃圾袋里去。如果你的孩子大一点了，比如 8 岁以上，一直在不停地跟你央求想养狗，那你就必须跟他提前把事情说清楚："以后这条狗是你的，可不是我的。我要你自己来喂它，喂完后要打扫干净！地板上可不能有狗的大小便！"

问题是，一旦养了宠物，家里的每个人都要承担起对它的责任。一开始什么都很美好，可爱的小狗会得到很多关注。但是很快，你会越来越清楚地意识到，孩子是一丁点都不打算花力气照顾小狗了。要是你家就是这种情况，那么我建议你：把狗拴在你家门前，再放上块"此狗出售"的牌子。你还可以在报纸或网上刊登卖狗的广告。这样做应该能引起孩子的重视。

换句话说，对这件事不要给孩子任何回旋的余地或者灰色地带。他要么行动起来去照顾他的狗（或者是猫、荷兰猪），要么干脆把宠物拿给愿意照顾它的人。我之所以喜欢金鱼，是因为金鱼既能教会孩子怎么照顾宠物，也不至于让你陷入多年照看它们的麻烦中。而且，金鱼还可以用来让孩子了解什么是死亡和"海葬"。

我喜欢宠物。它会给我们带来欢声笑语，也能让我们泣不成声（我们在后院举行了多次葬礼）。我很喜欢我们家的狗罗西，它性格特别温顺，有时候甚至跟我和桑德一起睡。它是我们家庭不可或缺的成员。

不过，我的五个孩子从小就知道养宠物意味着责任。**一旦开始养，就不能随意丢弃，直到宠物被安葬在院子里的树下为止。**

不要光因为宠物可爱，或者你觉得养宠物能培养孩子的责任心，就给他们买——除非你觉得单单照顾孩子还不够忙，想找点别的事情干干。比如你在复活节给孩子买了只小鸡，那就纯属自作自受。（要是你住在农场，就当我没说过这话。）

学校问题

1. 校园霸凌

"当孩子告诉我他在学校操场上的遭遇时，我都气炸了！操场的管理员怎么可能没看到当时发生了什么？现在丹尼尔连学都不想上了。"

"我接到学校打来的电话，说里奇骂一个小女孩，还把她推到灌木丛里，把脸划破了。听得我真是难为情得要命。我怎么会养出这样一个爱欺负人的孩子呢？我的意思是，我知道里奇有时候会有点强势，但我从来没想到他会那么恶劣。尤其对方还是个女孩子。"

"女孩要是刻薄起来还真是厉害。对于克里丝特尔来说，初一这一年过得真是痛苦万分，我们只好决定在中途转校。学校有一群女孩不喜欢她，她们联合起来孤立她，因为她穿不起时髦的衣服，还戴着眼镜。整个上半年，她们都在传她的流言蜚语，对她的外表评头论足。她们还警告其他女孩不许跟克里丝特尔交朋友，否则就跟她们势不两立。老实说，我真心想把这些女孩揍一顿。刚开始我还试图让女儿自己来处理这个事，但那些女孩实在是太过分了。克里丝特尔每天放学回家都要哭。

"最后我决定，在找校长之前，先找两个女孩的妈妈谈谈。可悲的是，那两位母亲跟女儿如出一辙。一位妈妈说，她跟私人教练已经约好了，没时间谈话。另一位则认为她女儿不会跟'克里丝特尔那种女孩'混在一起，因为她们俩根本就不是一路人。我后来去跟校长谈了话，但也无济于事，因为那两位妈妈是给私立学校捐助的大财主。所以我放弃了，把克里丝特尔转到了另一所学校。因为我们俩都觉得这所学校不值得她每天放学后痛哭流涕。

"我们离开那所学校后，我听说这群女孩开始找最晚加入她们小团体的珍妮的麻烦，现在她的生活痛苦不堪。尽管珍妮也欺负过克里丝特尔，但克里丝特尔还是为她感到难过。因为她知道被人捉弄的感觉。"

你的孩子是欺负人的那个，还是被欺负的那个？

关于霸凌者，非常重要的一点就是：他们很没有安全感。 他们觉得只有通过从身体或情感上打击别人，才会自我感觉良好，自己才更强大。

在我成长的过程中，霸凌者是那些骑着自行车尾随你放学回家的坏小子，他们会跟着你到街背后的小巷里，然后暴打你一顿。回到家，你爸爸会看你一眼，然后告诉你下次不能退缩，还会趁妈妈不在的时候偷偷教你打架要往哪里下手。过了几天，你被打得鼻青脸肿回家，但是心情好得不得了。爸爸会祝贺你，因为他知道，你不但和那些恶霸当面硬碰硬，而且还打赢了。

但是，时至今日，霸凌者和以往有所不同，他们更具攻击性。而且，可悲的是，这些人的父母很多都不在孩子身边，即使在也是情感淡漠，甚至对孩子根本不上心。要是你的孩子被人欺负，痛苦不堪，你可不能指望单靠霸凌者的父母去管教他们。

霸凌的形式不尽相同。幼儿园里，一个女孩欺负班上一位被收养的孩子，告诉她："你是被你爸妈从购物架上买来的。因为没人想要你。"这个小女孩为此做了几个月的噩梦，梦见手臂上贴着价格标签被"购买"。她还总想着自己卖了多少钱。她担心如果她的养父母可以买她，是不是其他人也可以从他们那里把她买走。当她养母找到那个女孩的生母，想跟她谈谈时，后者不屑地笑笑说："孩子们有时候会说傻话，对不对？"显然，她根本不明白这件事情产生的影响，也不愿意去了解。

有个上一年级的小女孩被男同学掐了胳膊。男孩使的劲非常大，甩都甩不掉，她觉得很害怕。男孩个子比她高大很多，把她手臂都捏青了。当她妈妈跟老师反映这件事时，老师说："哦，他只是希望和她做朋友。"后来妈妈找到了校长，因为这是男孩第三次捏她女儿了。她担心下次他会把女儿的手臂弄断。

有个叫伊恩的四年级男孩，同学们叫他"娘娘腔"，因为他不喜欢在午休时间和其他男生踢足球。第二天，有人在他的储物柜里放了一件粉红色的芭蕾舞裙，还在柜门上用胶带粘了一双粉红色的芭蕾舞鞋，并写上了"同性恋"一词。伊恩难过至极。他现在已经读初一了，但还是对那件事耿耿于怀。从那以后，他就一直怀疑自己是否真的是同性恋。

还有个二年级的女孩，下课的时候都要找地方躲起来，因为有两个男孩喜欢把她在两人之间推来推去，假装在玩"接球"游戏。

这些从小横行霸道的孩子，如果不加制约，长大后只会变成更具危险性的恶霸。如果你的孩子受到了欺凌，要马上去找你信任的老师。如果老师没有采取任何行动，就直接去找校长。霸凌这件事可不能等闲视之，它是有深远影响的，无论你的孩子是欺负别人还是遭到欺负，都要马上解决。

要是你的孩子欺负别人，要跟他开门见山，在只有你们俩的时候，直截了当地质问他："你就那么没有安全感吗，一定要靠欺负别的孩子才行？"这个问题能直击要害，因为没有孩子肯承认他没有安全感，也没有孩子肯承认他以大欺小是为了让自己找到自信。要问你的孩子为什么欺负别人，告诉他受欺负的孩子是什么感觉，你作为家长是什么感受，以及你对他今后的期望。要坚持让他尽快向他欺负的孩子道歉。要是你在场亲自监督，那么效果更好，教训更深刻。为了弥补对别人情感上的伤害，你的孩子必须说："非常抱歉我伤害了你，以后我绝对不会再犯了。"

不过，接下来这个步骤也很重要：如果你的孩子真心悔改，你就要给他改过自新的机会。换句话说，不要抓住辫子不放。我们做父母的总是喜欢翻旧账，拿孩子以前犯过的错来批评他们。我们总喜欢提醒他们以前的糗事，好让他们变成"好人"。

纵然作为霸凌者的父母你会觉得很尴尬，不过请记住，当家长的总会面临各种危机。你的职责就是尽可能处理好这些危机，然后继续前行。教育孩子需要时间。他们会犯错，你也会犯错。如果你不断提醒孩子犯过的错误，就会陷入恶性循环。通过解决欺凌行为并立即要求情感赔偿，你和孩子才能继续前行。

如果你的孩子是受欺负的一方，你要立刻把这件事报告给老师。如果老师没有给你具体的反馈，只是说："谢谢你告诉我，我会密切关注的。如果你的孩子觉得受到了威胁，可以马上来找我。"那说明老师并没有重视你的话，也不认为欺凌的行为很严重，那么接下来你就要去找校长了。

对于校园霸凌的行为，你不能掉以轻心，也不能采取"等等看"的办法。太多的孩子被恶霸殴打得遍体鳞伤。尽管身体的伤口可以治愈，情感的伤口却无法治愈。恶霸们是不会善罢甘休的，所以你必须保持警惕，必须采取系统性的防护措施。学校操场管理员、老师、校长和双方父母都必须意识到这种行为的严重性，并且必须加以制止。

简而言之，对于霸凌者和欺凌行为绝不能掉以轻心。

2. 遇见不公平的事

如果有谁说生活是公平的，那他就是在撒谎。

如果你的孩子被人欺负、捉弄或者辱骂，最好的安慰剂就是对你的孩子说："亲爱的，这肯定让你很难受。但是作为你的爸爸妈妈，我注意到了你处理问题的方式，而且处理得非常好。你没有回击，也没有骂人，尽管他是个欠考虑又心胸狭隘的人。不幸的是，我们的生活中有很多这样的人。对于你处理这个问题的方式我很自豪。"

如果你对孩子说这些话，他就会感受到："我能受得住这件事。我的父母对我有信心。"

欺凌弱小者终会咎由自取，虽然有时候你没有看到。

有时候报应还来得很有创造性。

卡琳是个一年级的学生，她总被另一个同年级的同学泰勒欺负。他日复一日来找她的麻烦，然后他们就会发生言语冲突。有一天她的妈妈对她说："如果你不还击，你觉得他会怎么做？"

卡琳决定试一试。三天后，放学的时候，她飞快跑到妈妈的车上，说："你猜怎么着？泰勒说他现在想做我的朋友了。他说因为我不还击他，捉弄我一点意思都没有了。"

一个巴掌拍不响，打架其实是一种合作行为。当一方退出的时候，另一方通常也会退出。

3. 破坏课堂秩序

"杰克是那种不断制造麻烦的孩子。他用水枪射击图书管理员，还把生物课上的小白鼠放进女生的卫生间，吓得所有女生都尖叫着跑了出来。每年，杰克都是校长办公室的座上宾，在那里一待就是几个小时。到了第二年，要是老师在名单上发现杰克分到了自己班，都不禁会叫苦连连，头疼不已。"

你肯定见识过这种孩子：他似乎以破坏课堂纪律为目标；他是那种会在老师桌子下面的垃圾桶里放烟雾弹的人；他是那种会在上课的时候离开桌子，像蛇一样爬到教室门口的人；他是那种积极举手，希望用诙谐的回答逗得大家哄堂大笑的人；他是那种没办法坐得住的人；他是那种遭到同学白眼，但总是能成功逗乐大家的人。

他也是能惹得世界上每位老师都抓狂的人。我知道像杰克这样的孩子是什么心理，因为我小时候就是那种调皮捣蛋的孩子。**所有的捣乱只有一个目的，那就是吸引关注。所以解决的办法就是停下手头的事，给他想要的关注。**

"莱曼博士，你疯了吗？"你会说，"要是我给了他关注，只会更助长他的气焰，让他变本加厉。"

但是先把我的故事听完。在我向父母和老师提出这个策略之后，杰克的行为才开始改变。(被这个建议吓坏的父母们，要记住，我们有大量的任务，可是时间有限，所以有时候要采取非常措施。)每次杰克开始调皮捣蛋，老师就会把课停下来，关注他的行为。"同学们，今天我发现杰克想娱乐大家。来，杰克，继续做你想做的，我们都看着呢。"如此一来，他的行为就变得索然无味。杰克(现在已经不那么自信了)表演完他的小节目后，老师接着说："同学们，谢谢观看杰克的小节目，我希望你们喜欢。由于我们不得不抽出时间观看他的表演，所以我们现在需要继续上课。"

全班同学发出了一片抱怨声。有人可能会说："可现在已经是下课时间了！"

老师说："是的。由于杰克的表演，休息时间减少 10 分钟。"

我向他们保证，同龄人的压力——同学们对于减少休息时间的不满——会成为帮助老师完成教育杰克的任务。

这个办法很有效，你的任务会完成得很漂亮。

4. 作弊

"当我收到老师的纸条时，我感到非常震惊。老师发现肯特在生物考试的时候用手机作弊，给他的成绩打了 F。我问肯特有没有这回事，他承认了。至少他在这一点上还是很诚实的！"

人们说忏悔对灵魂有益，所以我说说自己吧。如果没有一个叫卡尔·马赫斯的同学，我现在还在继续上拉丁文初级班呢。每次到了考试，我就跟他说："嘿，马赫斯，能不能把你的左肩膀放低一点？"要不是因为他的好心，那门课我怎么都过不了。我当时已经是大二的学生了，可还要去高中补考，之前已经挂了两次了。

我上大一的时候，有一门社会学课。有位我不知道名字的女同学总是喜欢弯腰驼背地坐着，就是她的驼背帮我通过了期末考试。那门课上，我们要研究多布岛祖尼人和夸扣特尔印第安人。我们的老师是那种说话没人听得懂的高深思想家。对我来说，他用阿拉伯语来上这门课也没什么区别。

实话实说，每个人都可能作过弊。所以，如果孩子作弊被抓，你要做的是走到他身旁，建立一种"平等"关系，告诉你的孩子："嘿，我也这么干过。我以前也作过弊。不过告诉你吧，作弊后的感觉并不好，而且最终你是会为它付出代价的。而这个代价是有可能你某门课不及格，也有可能是有人告你剽窃。这一点都不值得。"

向孩子直言自己对事情的感受也很重要。"亲爱的，我对你做的事感到很失望。你真的不应该这么做。"这里要注意的是，你对他们的所作所为感到失望，和对他们本人感到失望有很大的差异。无论如何，你的孩子都需要知道你是爱他的——即使有时候你不喜欢他的一些行为。

要是你的孩子反复作弊，对父母来说，聪明的做法就是把球踢回学校教导处的球场，让他们对孩子进行公正的审判。我的经验是，如果让陌生人或家庭以外的人来施行管教的话，通常会更有分量，也更有威慑力。

作弊是一个"小丘"，而不是一座"大山"，除非它不断地出现。聪明的父母不会把像作弊这样偶尔为之的事当作孩子长期的问题。好好解决它，然后向前看。

5. 迟到

"无论我们什么时候出门，她上学总是会迟到。"

"每当我们家庭聚餐，他总是会迟到，到了饭后甜点的时候才姗姗来迟。"

你可以随便找个公司老板，问问他在招员工的时候看重什么。他会告诉你关键的一个品质是守时。为什么？因为商人很明白，从长远来看，经常迟到的人会使自己陷入失败的境地，这对生意是不利的。

为什么有人总是迟到？

这个问题我们不需要心理学家就可以弄明白。如果孩子总是迟到，那是因为他给自己设置了很大的障碍。他觉得自己一文不值。他对自己的评价很低，或者认为自己什么事也做不成。这是孩子自己让生活变得艰难的方式。

如果你的孩子总是迟到，请参阅第109页"爱拖延"的话题。这个总是迟到的孩子很可能有着吹毛求疵的父母（会是你吗？），那种50步之外就能发现差错的父母。

迟到是孩子给自己找的借口。他迟到了，就不需要练习钢琴独奏，也不用听你批评他哪个和弦弹错了，因为时间已过，要接着做下一件事了。他迟到了，就不必摆放餐具（他上次这么做的时候，你一直唠叨他把餐具的位置摆得不对）。对于迟到有个切实可行的办法。你可以告诉孩子，必须在7：30出发，但实际上只需要 7:45 或 8:00 出发就行了。不过没过多久孩子就会发现这个小计谋，所以这只是一个短期的解决方案。

如果你的孩子总是迟到，先对自己做个评估检查吧。你是那种总是围在孩子身边，对他百般挑剔的父母吗？ 如果你是的话，那么你的孩子宁愿迟到不去参加活动，也不想让你认为他是个失败者。这一切都可以追溯到一个原因，那就是你的孩子需要无条件的爱和接纳。他最需要从你——他的父母那里得到这一切。

但是，这并不意味着你不需要解决孩子的迟到问题。如果你想在 5 天或更短的时间里搞定迟到问题，那就告诉孩子你必须要何时出门。"我得在 7:45 出门才能赶得上会议。要是你准备好了，我可以顺路把你放到汉娜家。"如果孩子 7:45 还不能出门，你别警告他，也别大声地催促他，直接走人就是。（当然，只有在家里还有更大的孩子或者另一位成人的情况下，才能不带上他。）就让孩子留在家，让他尝尝没有准备好出发带来的后果吧。

如果你的孩子老是没法准时出门去上学，也别管他，一到点，你就和其他孩子准时先离开，让这个孩子留在家。当然，这也意味你要牺牲自己，因为你必须跑两趟学校。但是欢迎来到为人父母的世界！有时候带孩子确实会有诸多不便。

如果孩子迟到并被外人追究责任（也许他必须去校长办公室或收到了处分通知，必须交给老师的），那就更好了。

如果你的孩子有迟到的历史，你可能还需要和老师或校长谈谈："我们正在努力让萨拉学会守时，要是您能帮助我们，那就太感激了。"换句话说，家庭和学校可以一起努力。

假设你上初二的孩子错过了公共汽车，而你必须开车将他带到学校，你会怎么做？穿着浴袍、咖啡也没来得及喝就冲出门，准时把他送到学校，对吗？

我有另一个建议。慢慢来，别着急。洗个澡，吹干头发，倒杯咖啡。在孩子不知情的情况下，悄悄给学校打个电话，告诉他们为什么孩子会迟到。鼓励学校办公室给他在考勤单上记个严重的警告。让老师当众批评他迟到。

你为什么要这样对孩子？因为你的长期目标是让孩子成为负责任的成年人。有些孩子需要被人朝这个方向推一把，而你的孩子可能就是这样。

6. 家庭作业

家庭作业是孩子成长中一定会遇到，也不得不完成的任务。如果你是父母，你会以某种方式参与到孩子的家庭作业中（无论你给孩子选择的是公立学校、私立学校还是在家教育）。你能为孩子做的最重要的事，是提供一个安静、光线充足、固定不变的地方，让他完成家庭作业。

那么问题来了，如果你的孩子善于左右家长，那么他会想尽办法鼓动你帮他们做功课。他会哄骗你每天晚上花 4 到 5 个小时把家变成课堂（可能会更像是个情绪激烈的战场）。但事实上，孩子的作业就是他们自己的，不是你的。检查孩子是否完成作业，或者在他们遇到困难时适当提点都无可厚非，但你绝对不应该替孩子做作业。在我们家，孩子们知道我们希望他们在学校里取得好成绩，他们都全力以赴。

我们家有一条规定：电脑不能放在卧室，必须放在家最中央的房间里。很多个晚上，我和最小的女儿劳伦一起在书房里，她在用电脑做作业，我就坐在我最喜欢的椅子上看书。我们彼此的距离只有不到两米，但我很少问她"你在做什么？"有时我看到她做数学题抓耳挠腮，但我并不插手。如果她要我帮忙，我会很乐意抽出几分钟帮助她，但我不会一晚上花好几个小时帮助她做作业。

父母不应该成为四年级或初一的学生，你们小时候早就经历过这样的阶段了。如果孩子在某些科目上很费劲，最好的办法是看看老师是否能给他一些额外的辅导或者请个家教。这种方法我们以前给孩子用过两次，一次是找了个大学生来辅导功课，另一次是个高三学生。

不要让孩子把你变成学生，帮他做本该属于他自己的事情。

7. 体育运动

"他说他想学踢足球。我们才去了两次，他就打起了退堂鼓，因为他说自己踢得不好。可是我们已经花了不少钱给他买装备，不想让他中途放弃。我们该怎么办？"

我对参加体育运动的原则跟对学习音乐的原则是一样的。如果孩子坚持想尝试某项运动，就必须至少坚持一个季度、一个学期，或者半年（换句话说，必须坚持这项运动一个完整的赛季）。万事开头难，有句古老的格言说得对：没有付出，哪有回报？

别让孩子习惯于半途而废，也不要让孩子总是从一项运动跳到另一项运动。如果孩子想尝试某个项目，一定要跟他把规则说清楚："你想尝试什么运动我们都支持，不过一旦开始练，你就至少得坚持半年。"

我还有一个建议：让孩子一次只尝试一种课外活动。如今有些家庭在孩子的各种活动之间奔忙，耗费了大量的时间，以至于全家一起吃顿晚饭也成了奢望，除非算上在车里一块儿吃的麦当劳。

如果你有三个孩子，每个孩子都选择参加一项体育活动，你就已经忙碌不堪了。特别是，如果每项运动每周还需要训练好几次，那你就更加焦头烂额了。如果全家都为此忙得应接不暇，家庭团聚的时间被挤掉了，那么大家就都得做出点牺牲。或许可以让上中学的女儿冬季打排球，让儿子夏季打棒球，让学前班的小女儿秋季跳芭蕾。你自己可能也需要减少外出见朋友的次数，从之前的一周一次，变成两周一次甚至一个月一次。

我们是一家人，就得为全家的利益作出点牺牲。随着时间的推移，最终留下的是什么？孩子的兴趣可能会变化，他的朋友会变换，而你的朋友圈也在改变，只有亲情是伴随一生的。千万不要因为忙碌而把这份感情漠然视之，束之高阁。

8. 学乐器

"我女儿说她特别想学吹单簧管，态度还很坚定。于是我们给她买了一支单簧管，让她加入了六年级的乐队。她的热度大概维持了两星期，除了尖锐的噪声，什么也没吹出来，就索性不练了。她说她再也不想学单簧管了。可是我们花了那么多钱……"

"罗伯今年 12 岁。他学钢琴已经 6 年了，弹得相当出色。但最近他弹琴的兴趣大不如前。我问他是怎么回事，他说：'妈妈，我现在觉得弹钢琴一点都不酷。'但我不愿意眼看着他的天赋付之东流。我该怎么鼓励他，让他坚持下去呢？"

不管学哪种乐器，至少都要坚持一个学期。换句话说，如果孩子说想尝试学某样乐器，兴致高涨了两周后发现没有想象的那么简单，就打起了退堂鼓，这是不行的。我们接触过的每位音乐老师都说，一种乐器想要入门，至少需要 4 到 6 个月的时间（并且要经过这么久，弹奏起来才不至于像恐怖电影里的音乐）。但是，如今的"快餐一代"总希望能一蹴而就。当他们发现并不那么顺利时，就会灰心丧气（不得不承认，你自己其实也是这样的）。

但是，如果你想教会孩子勤学苦练，那么无论他们有多不情愿，都必须让他们至少坚持一个学期（顺便说一句，体育活动也是同样道理）。要是你心疼孩子，要记住，这是他自己说要学的。

如果是你坚持让孩子去上课，那么坚持一个学期的原则也同样适用。虽然当你发现孩子成不了大音乐家李斯特时，就得和自己内心的歉疚和失望做斗争。

对于真正有天赋，而且已经学了 4 年小提琴的孩子，现在想放弃了怎么办呢？我会这样跟孩子说："听着，亲爱的，我理解你的想法。但我跟你的老师谈过，她说你确实有拉小提琴的天赋。像你这么大就能拉这么好的真是凤毛麟角。为了你学琴，我们已经投入了 4 年的时间和金钱，可不能现在就半途而废。小提琴值得学下去，你的才能值得好好培养。所以，等这个学年的课程结束了，我们再来讨论这个问题好吗？"

等到了学年末，你就有机会尝试让孩子参加一些乐队或其他音乐活动了，看看是否有志同道合的朋友，这样会有助于提高孩子的兴趣。

很多天赋出众的孩子都是在 10 到 13 岁之间决定不再学乐器的，原因通常是他们的朋友不感兴趣。阿什利学了 7 年的长笛，好几次在州音乐节上获得了独奏奖。但是到了 13 岁，她所有的朋友开始对足球感兴趣，他们不再把去音乐会支持阿什利、听她演奏亨德尔和巴赫的曲子当作优先考虑的事情。于是她练习的时间越来越少，最后干脆告诉爸爸她不想学了。

所幸阿什利的父亲很聪明。他鼓励她再坚持学一段时间，并且出席女儿所有的演出。每次演出后,他还会给她一份特别的惊喜。他私下里花了很多工夫寻找长笛演奏的机会。到了夏天，阿什利不但没有放弃长笛，还加入了附近城市新成立的爵士乐队，其成员都是初高中生。阿什利参加了乐队很多场夏季音乐节的表演，她对音乐的兴趣更浓厚了。在暑假的最后一场演出中，乐队演奏了一段别具一格的音乐，由阿什利担任长笛独奏。这是阿什利自己谱写的作品，被改编成了和其他爵士乐手合奏的版本。

猜猜在观众当中谁笑得最开心，谁的鼓掌声最响？当然是阿什利的爸爸。

9. 留级

多年来，父母们对让孩子留级的做法都很不以为然。我们总担心这会伤害孩子的心灵、自尊和自信，还会让孩子感到脸上无光。

其实这一切都是无稽之谈。事实是，每个孩子成长和学习的速度都不尽相同。同样是两个 5 岁上幼儿园的孩子，他们在身体、心理和教育接受能力上可能完全不同：一个体重可能只有 25 斤，而另一个有 45 斤；一个盼着能早点上学，另一个还仍然紧紧缠着妈妈；一个已经会写一点简单的字了，另一个还什么都不懂。

我们这些做父母的也是很有意思。如果一个 5 岁的孩子很擅长打棒球或者画画，另一个孩子却不会，我们不会觉得有什么奇怪的。可要是一个孩子已经学会了拼音字母，另一个却还不会，我们就会觉得有问题。

就像上厕所的训练必须要等孩子准备好一样，上学也得等孩子准备就绪。有些孩子到了 5 岁，在学业还是社交上都已经准备好读学前班了，而有些孩子要等到 6 岁才开始上学前班。有些孩子上完一年的学前班就准备好升一年级了，有些孩子则还需要再上一年学前班。

对于父母来说，把眼光放长远很重要。在我家，我们就让小女儿劳伦多上了一年幼儿园。但是等她到了初一，在考试中体现的水平已经远远超出了这个年级。

多年来，很多人对于让孩子留级一直有不少的担忧，但是这些担忧对于年幼的孩子来说其实并不太重要，除非父母小题大做。如何向孩子解释让他留级的决定，全看你怎么说了："我说，安迪，你也觉得学拼音很难吧？（孩子点点头，看起来很难过的样子。）好吧，米勒老师跟我谈过了，她很希望明年再教你一年。其实，她打算用一种新的方法教拼音。她会用丛林主题，让每个孩子装扮成不同的动物。听上去是不是很有意思？"**如果孩子听到的是你正面的解释（而不是背着孩子喃喃自语表示担忧），那么孩子对留级就会抱着积极的态度。**

你让孩子留级，其实是帮了他大忙。你让他有机会去学习某个年级所必备的基本学习能力。如果你让孩子正常升入下一年级，可他连本年级的知识技能都没有学会，这实际上是对他的不尊重（并且是想方设法让他失败）。**真正尊重孩子的做法是让他在学习过程中待在他合适的位置。**

家里有儿子的父母要特别注意：男孩的成长速度通常会慢一些，一般他们要晚一年才能准备好上学前班。多出来的这一年什么时候才能显示出好处呢？等孩子上了高一，在体育运动会上成为佼佼者的时候就是啦！我总是跟劳伦说，她到了高二就可以开车了，而她大多数的朋友都必须等到高三。这对于一个十几岁的孩子来说足够让她喜笑颜开了。

如果你的孩子在下半年出生（8 月到 12 月之间），那么明智的做法是让他晚一年上学前班。劳伦的生日是 8 月 22 日，所以她第一次上幼儿园的时候年龄还太小，所以重读一年也不为过。

如果你担心孩子面子上会过不去，那么你考虑的其实是自己（你担心朋友会怎么议论你的孩子，还有你抚养孩子有多失败），而不是怎么样对孩子最好。单身母亲卡伦听到校长建议她女儿曼迪再读一遍一年级时，当场就在校长办公室发起了脾气。但是校长对她说："要是让你自己学一门课程，别的人都掌握了基本知识，而你却什么都不懂，你是什么感觉？你会感觉迷茫恐惧吗？好像你永远也跟不上？"

有些父母总会这样对待孩子：即使他们做不到，也照样推着孩子不断向前。我自己以前上学的时候父母就是这样对待我的，所以我才坚决主张在必要的时候让孩子留级。如果在我上学的前几年能留级，相信我在学校的表现会更好、准备得会更充分。

对于 5 岁的孩子来说，再上一年学前班并没什么大不了，至少他们还可以多玩一年！

这全在于你怎么看。与其看着早上学的孩子为了那些还搞不懂的概念苦苦挣扎，还不如让他留一级呢。

如果你的孩子到了三年级之后还需要留级，那就最好给他转个学校了。到了一个新的环境，能缓解留级给孩子带来的打击和来自同伴的压力。

人际关系问题

1. 尊重他人

对任何家庭来说，尊重都是个基本问题。没有尊重，家庭就不存在，就只不过是住在同一个屋檐下的一群人，各行其是而已。只有责任、义务和尊重才能使家成为真正的家。

当你要求孩子有责任心、尊重你和家庭其他成员时，你也是在尊重他。毕竟，如果一个小伙子连自己的母亲都不尊重，那么有朝一日他会娶什么样的人回家当妻子呢？一个任由他指使和践踏的女人！如果一个女孩都不知道尊重父亲，那么她会如何看待人生中其他的男人，包括她的上司？她可能会嫁给一个任由她欺负的男人。但她要是对上司不尊重，不仅会陷入麻烦，还有可能遭到解雇。

父母的人生观会潜移默化地传递给孩子。这意味着我们作为父母必须在说话前再三考虑。我们说出口的，是希望孩子谨记心间的话，还是不假思索脱口而出，对他人毫不尊重的话？我们需要记住，每个家庭成员对家庭活动都有发言权。虽然这并不意味着让孩子来持家，但是作为家庭成员，其中一项权利就是在一些事情上有发言权。

倾听孩子的意见，关心孩子珍视的东西，相当于在告诉他：我在乎你，也尊重你，我关心你的想法和感受。

尊重是双向的。如果孩子不尊重你，那你得先审视一下自己，看看问题是不是出在自己身上。大多数情况下，尊重的问题都来源于父母双方或一方的态度、行为和品格。

我知道你不愿意听到这些，可这就是事实。而且我有言在先，这本书里有时我写的你未必都爱听，这就是其中之一。但是，为了你的家人，请听我把话说完。你才是孩子表现出的行为的关键。为了得到孩子对你的尊重，你必须有改变自我的意愿。你的一言一行是否表现出对孩子的尊重？如果没有，那他为什么要尊重你？（有句老话说得好：你会像对待上司那样对待爱人和孩子吗？）请记住，孩子的态度、行为和品格是耳濡目染来的，而不是你通过说教就能灌输给他的。你所做的一切孩子都看在眼里。他学到了什么？

为人父母是一项艰巨的任务。十件事里面你有八件做得很出色，只有两件办得不够好，但恰恰是这两件事让你在孩子身上花的心血前功尽弃。所以，你必须努力做到连贯一致，不反应过度，以免搞砸。你需要坚持到底，尊重孩子并以负责任的态度行事。

如果你自己对外人和对家人是两副样子，那你的孩子会第一个发现这种矛盾。如果你说一套做一套，那么就给家人树立了不尊重他人的反面典型。所以，你要尽力做到言行一致，行为冷静、理智，不再大喊大叫，不要说"我跟你说过"，也不要说"要是你不……，我就……"孩子需要看到你用行动证明你已经和以往不同，永远地做出了改变。虽然有时你还是会把事情弄得一团糟，甚至一败涂地，毕竟人非圣贤。但是，一旦发生这种情况，你需要为自己的行为向孩子道歉。

如果你想要让孩子尊重他人，那么首先你自己就要以身作则。

2. 懂得分享

孩子不懂得分享。婴儿在 14 个月大的时候，根本连理解这个概念的能力都没有。如果他们手里拿着什么东西，那么别人都不能分享，东西是他们的，归他们所有，谁说都没用。他们会不会把东西打碎，这个东西是值 3 万块还是 3 块钱，全都无所谓。

然而，14 个月之后，孩子每长大一个月，就会更多地意识到他人的存在，因此他们必须学习如何分享。不过，要是没有人言传身教，他们还是学不会分享。角色扮演游戏就是个很有效的办法。比如可以这么说："好，该你了……现在轮到我了"或者"你咬一口，我也咬一口"。

当年幼的孩子主动和他人分享东西时，父母应该通过肯定来强化这种行为："宝贝长大了！知道跟哥哥分享了。"

孩子三四岁大的时候地盘意识极强，要和他们分享可不容易，因为对他们来说，什么东西都是"我的"。那么，这意味着他们就学不会分享了吗？当然不是。例如，两个 4 岁的孩子在一起玩球，为抢球吵了起来。这时教他们分享的最好办法就是把球拿走，告诉他们："要是你们不能分享这个球，就谁也别想玩，现在由我暂时保管。"通过收走争抢的目标，可以迫使孩子学会分享。你还可以再补充一句："你们什么时候愿意分享了再告诉我。"

这么一来，小家伙们很快就会意识到：分享对他们是有好处的，否则的话，他们就没有球可玩了！

为了强化这个概念，这天晚些时候，你可以端着一盆香喷喷的爆米花坐下来，等儿子过来向你要的时候说："不行，今晚我不会把我的爆米花分给你吃。我不想给你。"

这些话你并不是以一种刻薄的态度说的，你的语气也很平静。接着你要向他解释分享的重要性，以及你对先前发生的事情的感受："我们是一家人，有东西要分享。但是，如果你决定不分享，我也可以不分享。"

又比如，两个大一点的孩子在争抢最后一块蛋糕。你只需要把刀递给其中一个孩子，说："我有办法——你把它切成两半。"之后对另一个孩子说："然后你先挑你想要的那块。"

这样一来，孩子该自己解决的问题还是要自己解决，而你则不会被扯进"昨晚谁吃了那块大的"这种争论中去。一个孩子切蛋糕，一个孩子分蛋糕，这样你就不用充当大法官来"审判"了。

同样的办法也可以用来处理两个青春期的女儿争抢衣服的冲突。如果衣服是其中一个孩子用自己的零花钱买的，那么这件衣服就应该属于她一个人。如果衣服是你出钱买的，那么两姐妹就该共享这件衣服。要是她们不愿意分享，你就把衣服拿走，放到自己的衣橱里，等她们什么时候意见统一了再还给她们。尽管她们还是会为了衣服而暗中较劲，但是不太可能把你扯进去了。

让孩子上网帮你支付账单，或者是填写支票付账单，是帮孩子理解分享以及每个家庭成员如何贡献自己的一份力量的好办法。小一点的孩子还可以帮着在寄账单的信封上贴邮票，从而看到有多少进出账单。当孩子了解经营一个家庭所需要的花费之后，他们会对在这个家中享有的种种权利而心存感激。

3. 互相抱怨

"他总是跑到我房间来，还把房间搞得乱七八糟。"

"我们一定要带她去商场吗？她会让我丢脸的。"

"她问都没问就把我的毛衣拿去穿了，现在又说找不到了。"

"我讨厌那个老师。她特别不公平。"

很久以前，我在大学担任教导副主任的时候，有两位秘书不停地跟我抱怨对方。最后，我实在是烦透了。当其中一位秘书又开始向我抱怨另一个人时，我挽着她的手，直接走到她抱怨的秘书桌前。通过这种方式，抱怨被消灭在萌芽状态，事态也平息了。这样能迫使她们自己处理两人之间的小冲突，而不会扯上其他人。

还有一次，我接到一个来自学生家长的电话。他们非常生气，因为儿子给他们打电话，抱怨了一些他认为很不公平的事情。我跟他们道了谢，然后把那个学生叫到了我的办公室。

"在学校过得怎么样？"我问。

"很棒。"

"和同学们相处得好吗？"

"挺好。"

"那你的功课呢？"

"不错。"

"嗯，这就有意思了。我让你来我办公室，是因为我接到了你爸妈的电话。"

学生紧张地在椅子上挪动了一下："哦，这个您不用担心。昨天晚上我只是心情不太好……"

当这个学生知道他有可能再次来到我的办公室，你觉得他还会再三给爸妈打电话发泄情绪吗？

不太可能。因为这样他就得承认自己说的是假话。

孩子们总是会抱怨的，抱怨兄弟姐妹、父母、老师等。事实上，**孩子们很喜欢抱怨、发牢骚，但他们不喜欢面对自己抱怨的那个人。所以，如果你的孩子在抱怨，就引导他去直面抱怨的对象吧。**

假设你的儿子回家后抱怨他的哥哥，一位负责任的家长会说："听着，你和你哥哥谈了吗？"很可能孩子会说没有。这时你就牵着他的手，把他带到哥哥面前，跟他说："告诉哥哥你的感觉。"

我上高中的时候，每当学生之间发生小冲突，教导处的老师就会给他们发拳击手套，然后带着他们去体育馆，说："你们打完了告诉我。"然后就离开了。但是我从来没听说真的有人打架。有几次我也和别人起了矛盾，被带到体育馆，但是我从没真的跟人打过架。

老师处理问题的方法里，不存在"是你先挑起来的"或者"才不是我，是你"这样的话。老师甚至都懒得指责那个罪魁祸首。

把冲突双方放在一起，就像釜底抽薪——或者可以这么说，薪上的釜被拿掉了。

孩子们会一件事接着一件事抱怨，这是他们与生俱来的天性。但是，如果你把孩子引向抱怨的源头，那么通常抱怨会很快结束，而你自己也不需要进一步介入了。

4. 互相谩骂

"你是猪！"

"不，你才是猪！"

"我要告诉妈妈！"

在你家里，这样的对话是否似曾相识？

孩子之间会互相谩骂。这种行为的目的是什么？是想让自己看起来更厉害，也是想引起你的注意。随着孩子年龄的增长，有时候这种互相辱骂会听上去更巧妙些，但是骂人依旧是骂人。

谩骂是打架的一种形式。一个巴掌拍不响，想要打架，必须有两个人参与。要想结束互相辱骂的竞赛，可以把两个孩子带到一个房间里，让他们自己处理这个问题，在你对他们的解决方案感到满意前，两个人都不能出来。这意味着孩子们要一直待在那儿，直到两个人达成妥协并互相道歉后才能离开，走出房间继续他们的生活。

使用这种方式，你是在教会孩子：**他们的争斗要他们自己解决。你不会像母猩猩那样，一屁股坐到孩子身上帮他们解决冲突。**你的孩子需要学会对自己的言行负责。

你想表达的是："在这个家，相互谩骂诅咒是不会被容忍的。我们是一家人，要互相支持。这意味着当你准备参加演出时，我们会支持你，去看你的演出。当你的妹妹踢足球时，我们会支持她，去看她的比赛。这就是家庭的意义。但当你们彼此谩骂，这会伤害到所有人，会损害我们的家庭。"

不要容忍在你家中有互相谩骂的行为，绝对不行。

5. 打小报告

"你知道凯瑟琳干了什么吗？"

"山姆今天在学校遇到麻烦啦！"

"晚上我在杰森家看见戴蒙了。他不是说要去图书馆的吗？"

兄弟姐妹之间除了会不停地争斗，还会在父母面前相互打小报告。告状这种行为古已有之，并且长年累月存在，就是因为父母觉得听小报告还挺方便的。

爱打小报告的孩子就像个特工，总是偷偷向你提供家里其他孩子的内部情报。他的情报通常是准确的，但这能说明他的做法也是对的吗？对家长来说，听这个密探的情报很有诱惑力，毕竟当父母的都想了解孩子们在做些什么。但是，要是这个小特工能把嘴闭上，家人们会过得更相安无事一些。

明智的家长会对小特工这样说："我不想听。要是你对哥哥有看法，那就直接去跟他说。如果他做了什么事，那么应该由他来告诉我，而不是你。"这样一来，小特工们很快就会泄气，因为他们只是喜欢在背后八卦。你知道吗？这是他们让自我感觉良好的一种方式。孩子告兄弟姐妹的状，大多是为了争抢地位，希望成为家里最乖的孩子。这是以"你应该知道这件事"为幌子贬低兄弟姐妹。说实话，这也是另外一种形式的辱骂，只不过通常是以说悄悄话的方式进行。

3岁的安妮是一个漂亮的小姑娘，天生一头金色的卷发，要是打扮一下，活脱脱像一个小天使。可她绝不是什么天使，因为她经常告哥哥迈克尔的状，让父母怒不可遏。他们来向我咨询的时候，我教了他们一个简单的应对策略："只需要告诉她，'我们不想听'。"

她妈妈在这招的基础上又更进了一步。当安妮又来打小报告的时候，妈妈说："安妮，我不想听。你去跟院子里的那棵树说吧。"

一星期后，妈妈从窗子里往外看去，顿时忍俊不禁。小安妮正站在那儿，对那棵树连说带比画，讲得正起劲呢！

6. 待人不友善

孩子天生是不友善的。他们在乎的只是"我、我、我"和"给我"。除非父母教导他们如何友善待人，否则他们不会自己主动这么做。

如果你的孩子就在你眼前说出不友好的话，或者做出不友好的举动，最好的办法就是把他拉到一边，然后说："你刚才那样说真是太不友善了，你所说的真的是你的本意吗？你是不是想故意表现得不友好？"

在给孩子机会做出回答之后，你接着说："这让我觉得被利用了／这让我觉得你没拿我当回事。你真的要这样对我吗？"

这样的措辞能马上使问题的本质浮出水面，让孩子意识到他说的话很不友好，同时也搭好了台，让孩子回应："妈妈，对不起。我不应该那么说。"

如果你得到了这种正面的回应，那么生活可以继续。但如果你得到的不是这种回应，那么生活即便能够继续，也不会长久。记住，"先要完成 A，才能开始 B。"而 A 就是要求他做出道歉，并且在他明白道理前取消他的特权。这样生活才能继续。

我向你保证，在为人父母的过程中，你肯定会遇到不少麻烦。如果你是一个诚实的人，你不免会与人发生争论。吉尔是位妈妈，女儿在上幼儿园，有一次幼儿园的另一个孩子对她女儿说的话很不友善，她不得不去找那个孩子的妈妈谈谈。那位护犊子的母亲却说："哦，不，我的孩子绝不会那么说的！你女儿一定是在撒谎。"

吉尔说："我能理解你的本能反应，因为要是有人这么对我说，我也会跟你一样保护我的女儿。不过，我告诉你，我是亲耳听到你女儿说了那些话的。她确实说了，我的女儿现在受到了很大的伤害。"

吉尔能做的只有陈述事实。接下来轮到另外那位母亲做选择了，是继续生活在梦幻王国里（认为她那完美的女儿绝不会做这种事，或者躲开吉尔，这样就不用直视吉尔的眼睛了），还是直面女儿的这种行为？如果她选择假装什么都没发生过，那么她会继续做一位懦弱的家长。而她的女儿有一天会对别人说出更不友好的话，而到时对方的反应可能会更强烈。

明智的父母会在这种行为一出现的时候就解决它——不找任何借口。只有在孩子真心道歉之后，生活才能照常继续。

你是否应该常常为了孩子与别人争斗？当然不是。但有些时候，就像上面这个例子，如果你不挺身而出，代价就会很高。吉尔当时是在保护她的孩子免受种族歧视的伤害——尤其是吉尔的孩子是班上唯一一个不同种族的孩子。

有些孩子对人不友好，但他们自己并未意识到，而有些孩子对人不友好则是存心的。每个人都可能有说傻话的时候。但不管你的孩子是不是故意的，只要他的话伤害了他人，他就必须了解他伤害了他人这一真相。而且在他向受害方道歉之前，生活是不能照常继续的。

不能有例外。

7. 权力游戏

有一个关键的问题：在亲子关系中，到底谁说了算？是你，还是孩子？

前几天我逛商场的时候，看到一个十几岁的女孩摆明了在向她妈妈发号施令。她毫不含糊地告诉疲惫不堪的母亲，要买些什么东西，还有购物结束后要做什么。你知道吗，她的妈妈还真对她言听计从！

如果这样的问题出现在孩子身上，绝对不容忽视，你必须尽早解决。但这是否意味着你要去控制孩子？你是否要实行专制主义，事事给孩子下命令？你是否要变成那种处处展示出"我比你强"的父母？当然不是。其实，我们并不比自己的孩子强多少，我们只是承担了不同的责任而已，责任之一就是当好父母。我们需要确定什么对孩子好，对整个家庭好。

要是反过来，会发生什么？你可能会因为孩子发牢骚、抱怨、哭泣和尖叫就屈从于他，让他成了做决定的那个人。或者，孩子也可能用害羞、安静或者不吭声的方式占据了家里的支配地位，让父母一直哄着他、宠着他。比如，有位家长很担心她3岁孩子的语言能力发展，假如这种担心被孩子觉察到了，他就会闭口不言。不久之后，他就会故意不说话，通过用手指指点点就让家人帮他把想做的都做了，因为大家都为他感到难过和担忧，就会竭尽全力对他好了。

这种极具控制力的行为是怎么形成的呢？它可不会凭空产生。当我在讲座上提到权力游戏这个话题时，有位听众跟我说："莱曼博士，我女儿年纪不大，但是非常固执。"我回答那位家长的第一句话就是："你们夫妻俩谁说了算？——是你，还是你妻子？"

孩子们总会学习某些方面的行为，因为他们很善于模仿。这意味着父母在发脾气的时候也得非常谨慎。

我知道整天照顾孩子的辛苦，因为我自己就有五个孩子。所以当我女儿克里西当了妈妈之后，有一天她给我打电话说"爸爸，我想出来透透气"，我是能感同身受的。"当然，"我说，"那我们一会儿见。"整天陪伴在孩子身边真的会让人筋疲力尽。但是，为人父母毕竟是你自己主动选择的，所以在面对这些要求的时候，如果你把沮丧的情绪发泄到孩子身上，那么这就是你需要解决的问题了。毕竟你是个成年人。

如果你和孩子进行权力斗争，你注定会输。因为孩子能坚持的时间比你长。你手头还有很多其他的事情需要考虑，而孩子只专注于自己想要的一件事。因此，每次都会以你屈服而告终。你想赶紧让这样的斗争结束，然后孩子就赢了。

倘若你不想陷入权力斗争，方法很简单：不要触碰、不要被带进去、不要轻易上当。你要冷静地从斗争中撤退，不要大张旗鼓，也不要威胁孩子。如果孩子在你面前坚定地说"我不去！"那就让孩子留在家里好了。但是，当他之后想去朋友家时，你也不用陪他去。如果你的孩子说"我不想做作业！"第二天你可以给老师写个纸条：

> 伊丽莎白昨晚不愿做家庭作业。您能给她的作业打个不及格吗？要是能让她完成作业，您采取什么措施都可以。非常感谢。

重要的是，要让孩子明白，他得对自己的行为负责。"我不想做"和懒惰不是借口。开车把孩子带到他想去的地方玩几个小时，然后你自己替他把作业做了确实很方便。但是从长远来看，你是在教孩子什么呢？嘿，要是我什么都不做，也没事。妈妈会帮我做的。

让我再回到这一点：你是在经营家庭还是在经营旅馆？如果是开旅馆，那你很可能变成孩子的用人。这就是你想过的日子吗？

现在是时候严厉起来了。要让孩子们知道他们的诡计已经被戳穿。要是他们不把自己分内的事情做好，就马上会尝到这种行为的后果。

8. 在车上争吵

"跟你说了别这样！马上住手！"

"你再打你弟弟，我就……"

"你等着，一回家我就……"

接着，坐在驾驶座或副驾驶的父母就会举起手臂向后座一阵猛打。

为什么孩子们最容易在车上打架？因为当他们身处封闭的空间时，就会开始争夺地盘，想在兄弟姐妹中间占据主导地位。甚至，他们还想着该怎么控制父母。很有意思的是，强势的孩子很善于选择场地，企图摆布你。通常他们选的是汽车上这样的方寸之地，令你无法招架。

所以你应该怎么办？要是开车的时候孩子们在后座互相打闹，确实会让你分心。要是朝他们大吼大叫，通过后视镜看他们，更会分散你的注意力。而威胁又不能达成任何目的。因为他们知道：

（1）你不是认真的。

（2）你没法说到做到。很多父母会说："要是你还闹，我就不给你这个，或者不带你去那里。"但通常这些都是空泛的威胁。如果以前你经常这么威胁警告他们，孩子就更不会把你的话听进去了。

（3）你够不着他们（胳膊乱晃一通只会让你更生气）。

因此，先试试这个办法：把车上音响的音量调高。孩子们知道你在听着他们打闹，越是这样，他们就越来劲，因为他们巴不得你赶紧插手，这是他们计划的一部分。

如果调高音量不起作用，他们还是继续吵闹，你就泰然自若地把车停下来。自己下车，舒展一下身体，检查检查轮胎，打开后备箱。要是你们正在往孩子想去的某个地方开，但因此迟到了，那就再好不过了。你可以尽情在车外消磨点时间。

当再次回到车上时，可以这么问："妈妈现在可以安全地开车了吗？"

你猜怎么着？孩子们不再吵闹了，你也不用被气得心跳加快。因为你使用了"先要完成 A，才能开始 B"的原则。

孩子们的争吵必须先得到解决，才能去他们想去的地方。

这个办法通常只要使用一次，就足以让孩子们停止争吵。不过，要是你之前扮演的是那种纸老虎父母，可能需要再来几次才奏效。

9. 兄弟姐妹之间的矛盾

如果你家有好几个孩子，那么他们之间互相较劲是常事。不过要是你想尽量减少这种矛盾，那就要让孩子为自己的言行负责。

比如说，你的女儿跟你告状说："她穿了我的衣服，还揉成一团丢在那儿了。现在我要穿这件衣服，可是她都没有洗！"

要是你也卷入这场战争，只会焦虑不安，惹得一肚子气。有句话怎么说的来着——"神仙也要绕着走"？孩子之间打打闹闹，你这个当父母的就别去掺和了。

由于掐架是一种"合作行为"，所以双方都要为此负责。不妨把两个孩子关在一个屋里，让她们自己一争高下吧。我敢打包票，到最后总有一个孩子会把衣服洗干净的。

如果你的孩子在车上吵起架来（见第224页"在车上争吵"），那就调转车头开回家去。然后，这一天剩下的时间里，孩子们想去哪儿都别开车带他们去。看到你这样，孩子们要么会想"呀，妈妈真的生气了"，要么会想"看来我们引起她的注意了，不过肯定跟我们原来设想的不太一样"。

无论如何，聪明的孩子总会想明白这一点：无利可图的事不如不做。太多父母由于自身性格不成熟，不知不觉地让孩子的负面行为得到了好处。如果不让孩子尝到甜头，他们就不会继续这样做了。

我保证。

10.同龄人／朋友的影响

同龄人在你孩子的生活中有着极为重要的影响，随着他步入青春期，这种影响会越来越大。

几年前，曾有过一项关于同龄人压力的经典研究。10个孩子被带到一个房间，房间的黑板上画了3条直线，然后让这些孩子判断哪条线最长。实验人员当时指向的是第一条直线，它的长度毫无疑问是三条中第二长的，但是当他问："这是最长的线吗？"

有9个孩子把手举了起来。这是怎么回事呢？

其实，实验人员私底下和这9个孩子是串通好的，提前告诉了他们要选第二长的直线。实验的对象其实就是那第10个孩子，看看这个孩子会不会在同龄人压力前低头，即使同伴的选择毫无疑问是错的。

我想你应该猜到了接下来会发生什么，这个孩子的脸上闪过了一丝怀疑的神情。之后，研究人员重复进行了这个实验，有四分之三的实验对象虽然一目了然地看出了另外9个孩子做出了错误的选择，他们还是举手做出了同样的选择。为什么？因为他不想显得和同伴格格不入。因此，如果年轻人聚在一起，做出点蠢事也是不足为奇的，谁都不想不合群。

强大的同龄人影响在所难免，也让你束手无策。但你能做的就是多注意孩子参加的活动，以及他都和什么人交朋友。这意味着尽量把同龄人请到你的家里来，让你的家成为舒适的、适合孩子们聚会的活动中心。租部电影，买份比萨饼，搞台好的CD机，反正尽可能创造个好的环境。这么做会让你拥有家庭主场优势。这能让你近距离亲眼看看你的孩子都和谁在交朋友。

同时，你还可以去结识孩子玩伴的家长。在当今这个社会，要做到这一点得花点工夫。在以前，孩子们主要和住在附近的孩子一起玩，你可以直接去邻居家喝杯咖啡。现在，你可以给孩子朋友的父母打个电话说："嘿，我刚拿到了星巴克的一张赠券。我儿子经常跟我聊起你的儿子，可我还从来没机会和你认识。跟我一起去喝杯咖啡吧，我请客。"这是打开沟通大门的一条捷径。同时也能让你大致了解这位家长是什么样的人。

比如说，我的朋友迈克在 16 岁的时候，会公然在他父母面前抽烟，所以我知道我可以去他家抽烟，没人会说什么。但在我家呢？我哪怕只要提一提，父亲都会扒了我的皮。只要跟这些父母聊一次，就能清楚地看出哪些人会给孩子们买啤酒或者为他们的舞会租酒店房间。这样的信息对你来说非常重要，因为你要鼓励孩子和有着相同价值观的孩子多相处。

有时，你会因为这样那样的原因反对你的孩子和某个孩子交朋友。我的建议是把这个朋友请到家里来。要是这时候，你出身高贵、古板又保守的莎莉阿姨正好从国外来看你，这是个好时机。你只要漫不经心地跟孩子说："莎莉阿姨要回来了。我很想让她有机会认识一下菲利浦。"这就足以让你的孩子掂量掂量了。

家长们，你们劳心费力地想多了解一些自己的孩子，在必要的时候对孩子展现透着严厉的慈爱，我为你们的苦心鼓掌叫好。

¥ 金钱问题

1. 零花钱

"我们家马特 14 岁，每周我都给他零花钱。但他总是在拿到钱的第二天就跑回来找我，让我再给他点，他说有样东西非买不可。我都快疯了。"

"特雷只有3岁，但他好像已经对金钱产生了兴趣。有一天，他从厨房台子上抓了一把硬币放在口袋里。他年纪这么小，我想他不明白自己这种擅自拿钱的行为是偷窃。但这让我忍不住思考：我应该给他零花钱吗？孩子要几岁才能开始拿零花钱？"

"我给我们的三个孩子（分别是12岁、14岁和16岁）每周一样多的零花钱。但是16岁的老大经常问12岁的老三借钱，还借到了。所以我们是该多给老大一点零花钱，因为他年纪比较大，还是保持数目相同，这样对三个孩子才公平？"

"我们的两个孩子分别是11岁和13岁，性格截然不同。大女儿简是个勤劳的孩子，每当她做完自己的家务，如果发现还有其他的事情需要做，她总是会去帮忙。而弟弟马克完全相反，我们要三催四请、生拉硬拽很多次，他才肯放下手里的游戏机去做他分内的事情。我自己也有个弟弟，虽然我们家的事都奉行'平均主义'，但经常到了最后，活都是我一个人干。特别让我郁闷的是，我们拿的零花钱还一样多。可我也不想给马克的钱比他姐姐的少，让他自卑。帮帮我！我们该怎么办？"

零花钱会影响到很多其他的方面，因此，在这个话题上，我会多着一些笔墨。为什么？因为孩子能掌握到的钱、他获得这笔钱的途径以及他对金钱的看法，不仅影响了他能买什么东西和能存下多少钱，同时还影响着他的自我感觉。

零花钱是什么？我认为，它是家庭娱乐预算的一部分，是作为家庭成员的权利之一。

这和我们大多数人成长过程中听到的观点截然不同。还记得你小时候贴在冰箱上的家务清单吗？虽然我们会抱怨，但最终还是会去做（除非我们能偷偷地让弟弟妹妹代劳），因为这是我们获得报酬的唯一方式。清单上一般都是这样的：

> 收拾自己的房间：50美分
>
> 摆放餐桌：10美分
>
> 照顾小狗一个星期：50美分
>
> 清理车库：1美元
>
> 倒垃圾：20美分

做多少家务事，直接关系到我们每周能拿到多少零花钱。

不过我的建议是：每个孩子都可以获得一笔零花钱。我指的是每个人都能无条件地拿到钱，这是作为家庭成员的"特权"。我知道有人会想：我可给不起零花钱。但实际情况是，所有父母都在给孩子花钱，所以"给不起"这个理由是不成立的。只要把原本花在孩子身上的午餐、衣服等的费用集中起来当零花钱就行了。这样花的钱不会比现在多，还能教会你的孩子有责任心。

由于年龄和能力的原因，一部分家庭成员会比其余的人承担更多的责任。比如，你不会指望一个 6 岁的孩子能做得和 14 岁的孩子一样多、一样好。可也是出于同样的原因，年纪大一点的孩子也有一些小"特权"，例如可以晚点睡觉，以及和朋友出去玩。

我建议在孩子 5 岁左右的时候开始给他零花钱，比如每周给 1.25 美元。对孩子来说，没有比拥有属于自己的东西更好的事了，闪闪发亮的硬币对年幼的孩子来说无异于是金子。5 岁也是开始学习货币价值的好年龄——1 美分、5 美分、10 美分、25 美分和 1 美元的价值，以及用它们能买到什么东西。你们可以一起去银行，给孩子开设一个储蓄账户。如果有条件的话，还可以把钱投资到货币市场账户或股票里。小小账户里财富慢慢累积是件很神奇的事，让孩子每季度或每年能看到金额的增长是很棒的。

如果孩子想花钱买超过零花钱额度的东西，不要帮他垫钱。让他等一等，到有了足够的钱再去买想要的东西。这样，他就可以体验到用自己赚的钱购买东西的快感。要是他不小心弄坏了自己花钱买的塑料玩具，他就会有一种"购买者"的心疼感。有了"我自己的钱"，孩子就会对钱有所支配，并且逐渐了解到，家长要多久才能攒够为家庭购买某件东西的钱。

随着孩子年龄的增长，可以逐步增加他们的零花钱。你给孩子的零花钱越多，他能用这些钱做的事情也更多，无论是存起来，还是直接花掉。

我们家劳伦今年 15 岁，她喜欢把零花钱存起来。将来她要是用这笔小小的储蓄金去买件特别的东西会很开心。8 岁的小凯拉也爱存钱，她把拿到的每一分钱都存到了将来买匹小马的基金中。但是去年，她听说了在水灾中失去家园的小女孩的事情后，就掏出了零花钱，给那个小女孩寄了一份礼物——一份用爱心和自己的钱买的礼物。

11岁的凯尔很快发现钱并不会从树上长出来，而且今天在同龄人中流行的东西或许明天就过时了。他存了整整一年半零花钱买的滑板，玩了三周以后就被他的同学嘲笑了，因为滑板的样子已经落伍了。现在凯尔只打算买他真正需要的东西，而不是他觉得会让他受欢迎的东西。

孩子们必须认识到，钱一旦花出去，就像泼出去的水一样回不来了。生活中没有免费的午餐。

如果你的孩子用完了钱又来讨要，你就这么说："好，星期六才是给你零花钱的日子，我相信你能挺过去的。"让你儿子自己准备一份上学的午餐，而不是和同学一起去附近的比萨店吃饭，这不会要了他的命吧？

你会跟老板这样说话吗："喂，先给我发点钱，否则我没法挺到周六。"我想你不会的，所以也不要让孩子牵着你的鼻子走。

但是，如果孩子帮你做了一些额外的工作，你会付给他们钱吗？假设你的女儿来找你说："今年暑假我想多赚点钱。有什么我能做的吗？"

"好吧，"你说，"两年了，我一直想给车库刷刷漆。要是你能把它刷了，我就给你一百块钱。"

这样的交易超出了孩子平日里的职责范围，但这不仅是把事情做完的绝妙方法，而且还让孩子有机会通过特别的工作挣到钱。

当粉刷工作完成后，女儿肯定每天都会看看车库，为自己的成就感到自豪。

孩子们需要知道，作为家庭成员，履行承诺很重要。如果不这样做，后果会很严重。

举例来说，如果你14岁的儿子本该修剪草坪，但他压根没去做，而你悄悄地雇他的兄弟姐妹或邻居家的孩子来割草坪，会怎么样呢？如果雇佣所花费的钱从你儿子下周的零花钱中扣除，又会怎样呢？你觉得他会明白你的意思吗？

假设你家里年长一点的孩子总能按照你的期望把事情做好，而且你能信赖她的工作，甚至都不需要检查，而她的弟弟却什么都不愿做，连打扫自己的房间都懒得动。当弟弟没完成任务，你通常会怎么做？批评他，对吗？

但要是你什么也不说，直接让姐姐进去打扫他的房间，然后从弟弟的零花钱里拿出4美元付给姐姐，结果是什么呢？弟弟很可能会为此不高兴，原因是：（1）少了一些零花钱；（2）姐姐进了他的房间。

作为家庭成员，每个人都有自己应该完成的任务，如果做不到，就必须付钱给其他人来做你的分内之事。你认为这个观点在你家获得一致同意了吗？

零花钱能教会孩子如何管理金钱，还能让他们切身体会到不履行承诺的后果。例如，我可以把汽车开到洗车场，给工人8美元。或者，我也可以在自己家的车道上洗车，然后省下这8美元放在口袋里。这都是选择问题。

如果你的孩子没有完成某项任务，不要哄他、提醒他或给他讲道理，只需要雇其他人来完成这件事，然后从孩子的零花钱中支付这笔费用就行了。**这里没有威胁，无需警告，只有行动。**

　　行动胜于雄辩，这个道理在我家就取得了立竿见影的成效。为了让我妻子桑德休息一下，我们家几个十几岁的孩子负责每周给我们做一天的晚饭。有一天晚上我下班回家，发现晚饭没有做，我觉得这是一个教育孩子的好时机，于是我把妻子带到了她最喜欢的餐厅吃晚餐，那里用的都是真正的银质刀叉，绝不是廉价的塑料餐具。接下来那周孩子们拿到零花钱时，会发现那顿晚餐的钱已经分摊给了他们，从零花钱里扣除了。

　　你觉得我们家还会发生这样的事吗？孩子们已经得到教训啦。

2. 对金钱粗心大意

　　　"蒂莫西好像每次一拿到钱就弄丢了，所以他总是问我要更多的钱。"

　　　"简从奶奶那里一要到钱，就立马花光了。而且钱总是花在一些——我觉得，怎么说呢——很傻的东西上。我应该怎么教她金钱的价值？"

让我问你一个问题：你孩子的钱是从哪来的？

要是你从孩子 5 岁起就开始给他零花钱，而他似乎总是把钱弄丢，那么说明他这个年纪拿零花钱可能还太小，或许你该等到他 7 岁以后，对钱有了更清楚的认识后再给。每个孩子都是独一无二的——所以他们对于责任的理解程度也有所差异。

但是，如果你的孩子在拿到零花钱的第一个星期就把钱弄丢了，你该怎么办？首要的原则是：不要再给孩子钱。譬如你们一起去便利店，孩子想要一杯冰沙，你就这么说："没问题，如果你想吃的话可以用自己的零花钱买一个。""呃，可我不知道钱去哪儿了。"他说。而你的回答是："等你找到了零花钱，下次我们来的时候带上，你就可以买冰沙了。"想想看，以后孩子是不是会更好地管理零花钱了？

如果你的孩子花钱总是很随意——只顾着眼前想买的东西，没有考虑为特别的花费攒钱——那就让现实来教导他。如果你的儿子想要辆新自行车，你可以说："好的，杰夫，你可以用自己的钱买辆自行车。"要是这时他看上去垂头丧气，你就知道他已经把所有的钱都花在了吃掉、丢掉或者坏掉的东西上了，你可别去救他。如果你的女儿打了耳洞，想要买一对钻石耳钉来打造自己的"新造型"，可不要被"妈妈，求你了！"之类的话迷惑。如果你让她自己存钱去买，那么我敢打赌，她会更好地保管这对钻石耳钉。

3. 过生日大操大办

你是否觉得孩子的生日派对有必要大操大办？为什么会这么

想呢？是不是这样就不会亏欠孩子了？如果你不这么做，不搞得风风光光，那么别人就不认为你是好爸爸或好妈妈了？

现在究竟是怎么了？以前那种"邀请孩子放学后到家里后院吃纸杯蛋糕过生日"的庆祝方式过时了吗？在本书序言之前的小测验题里，我提到过一些一掷千金的隆重聚会。我发现，在追加筹码的往往是父母而不是孩子。实质上，这是因为父母们想要证明自己的优秀，想和别人一较高下。但这真的是孩子想要的吗？据我所知，大部分小孩其实只想在院子里疯跑、嬉闹，或者是玩玩洒水喷头和装了水的气球，再吃点冰激凌和蛋糕之类的。这样的聚会可以让他们开怀享受。

卢普金一家给生日派对制定了一条规则，家里的每个人都按此执行。除了亲人之外，每个孩子长大一岁就能多邀请一位特别客人，也就是说，6岁的孩子可邀请6个朋友来家里参加生日派对，15岁的孩子可以邀请15个，以此类推。这样，对于这个有着6个孩子的家庭而言，就不至于陷入每个孩子过生日都邀请全班同学来家里的疯狂局面。

如果是青春期孩子的聚会，为什么不放在你们家里举行呢？这样你就不需要特地搞一辆豪华轿车送孩子去舞会了。而且，又有几个家长能放心让孩子跟一个你根本不认识的舞伴出去，还有可能喝了酒乱来？即使在家里办聚会，你还是需要盯紧一点（倒是不必寸步不离，不过要算准时机，去关键的区域巡视巡视）。在家还有个好处就是，你的孩子不用离家，他处在安全的环境里，并且你也不用熬夜到深更半夜，担心会是什么人开车送孩子回家、开车的这个人是不是喝醉了。要是你权衡一下在聚会用餐上花费的钱和你担惊受怕的程度，你就根本不会在乎为了派对多花了那么一点钱。

关于给孩子办派对，最重要的是要决定到底办还是不办，以及办什么样的聚会。一旦决定了，哪怕是孩子要求，或者亲戚朋友提醒你要办得再隆重些，也不能轻易改变。

▥ 电子产品问题

1. 想拥有自己的手机

"可是爸爸，我所有的朋友都有手机！"

"杰森从初中开始参加橄榄球训练的时候，我们给他买了部手机。这样，我就可以安心在办公室里工作，他训练结束会从更衣室给我打电话。等他洗完了澡，我就刚好到那里接他。"

是不是要给孩子配手机？孩子多大的时候可以让他拥有自己的手机？

现如今，手机随处可见：在街上，孩子们都拿着手机聊天，甚至在学校也是手机不离手。有一次我去女儿的学校，看到一个一年级的小孩正在用手机打电话，可不是玩具手机哦。

我女儿劳伦 14 岁的时候非常想要一部手机，因为她所有的朋友都有。我和妻子桑德跟劳伦做了一个约定，如果她在学校继续保持优异的成绩，到了夏天过生日的时候就能拿到手机作为礼物。

对于给小孩子配手机这件事，我并不是非常赞同。孩子们其实并不需要手机，而且学校（至少大多数学校）是不允许使用手机的。不过现在连 6 岁、8 岁的孩子都有手机了，真是太疯狂了！大多数情况下，这只是为了满足孩子的虚荣心。我的观点是，考虑给孩子买手机的年龄应该至少是 15 岁。

如果你的孩子恳求你给他买手机，你需要考虑下面这些问题：

（1）他是否真的需要用手机和你联系？还是仅仅因为"别人都有手机"？

（2）你孩子的责任心有多强？他会好好保管手机吗？还是有可能随手乱放？

（3）手机的钱由谁来出？如果是孩子出，那么他不仅要付买手机的钱（如果他肯自己掏腰包买，说明他对手机的渴望有多迫切），还要付每个月的话费，这笔钱也不是个小数目。如果孩子用手机是给你打电话，那么你可以帮他支付基本的月租费，但是除此之外的费用都应该他自己承担。要是孩子不把话费付清，手机就会停机。

（4）有了手机以后和朋友们用手机聊天的时间只会越来越长。你的孩子在学校的表现出色吗？他作业做完了吗？他是否是个有责任心的家庭成员，会在有需要的时候给家里帮忙？

对孩子来说，拥有手机应该是一种额外的待遇，而不是理所当然的。有了手机之后，随之而来的是更多的责任。

2. 喜欢网络社交

只要有机会，地球上的每个年轻人都喜欢发消息聊天，这是他们和朋友即时联系的方式。而网站为了吸引孩子，会给他们提供一个论坛，讨论他们喜欢什么、有什么烦恼、父母有多糟糕等。既然这些都是生活中存在的，那不妨亲自查看一下吧：上这些网站注册个会员，这样就能悄悄发现孩子会和哪些朋友联系以及他们发的帖子都是些什么内容。我的女婿丹尼斯是中学校长，他对在网站上的发现惊讶不已。

他搜索了一些六年级的孩子，输入他们的名字后，惊讶地发现孩子们用的都是真名（这在网络世界里可是禁忌）。看看发布的主题以及孩子们的评论，会让所有父母大开眼界。

如果你想进入孩子的世界，这些网站就为你提供了这样的窗口。很有可能你不会喜欢所看到的，但你可以通过它了解到孩子每天在学校的经历。

还记得你小时候晚上跟朋友打电话，叽叽喳喳聊天吗？你父母对此是怎么跟你翻白眼的？他们看到了电话账单后限制过你的通话时间吗？互联网让你的孩子方便地和朋友私下联系（没有人能听出你键盘的打字内容）和结交新朋友（可能并不是他们所自称的那些朋友），因此把电脑放在房子的中央位置很重要，这样你或者其他家庭成员能随时经过，看到屏幕上的消息。

这是否意味着你对孩子的保护过了头？不会的。没有孩子会希望家长干涉他交朋友，但是，我们只能说，如果孩子知道父母会随时经过，他们参与低俗话题讨论的概率就小很多。

另外再提醒一下，每台电脑都有历史查询按钮。聪明的家长都会用它来保护孩子。

3. 沉迷电视或电子游戏

"我的儿子生活在两个世界里——学校和电子游戏。他除了上学就是玩游戏，不会去其他任何地方。这正常吗？还是我太挑剔了？除此之外，他基本上是个好孩子。"

"我的女儿迷上了所有的夜间电视节目。她深陷其中，有时候要到半夜才开始做作业。"

说真的，很多人看电视看得太多了。当电视上播放电视剧《梅伯里马拉松》的时候，我一口气看了两小时，尽管这之前我已经刷了一遍又一遍，连每句台词都能背下来了（虽然这很愚蠢，但我还是这么做了。这是个很棒的节目，但是看那么多遍确实浪费了我的时间）。更糟糕的是，电视上还有很多毫无品位的节目，有些内容简直令人作呕，对谁都没有任何益处。

那么，为什么我们允许孩子看那么多电视呢？简而言之，电视、电影和电子游戏已经成了很多孩子的保姆。把孩子们放到电视机前，妈妈们就能腾出时间洗碗、收拾厨房，爸爸们就能有几个小时的时间来工作。如果你有个 2 岁的孩子，家里有部 iPad，为什么不让孩子在餐厅看部电影，这样你们就可以安安静静地吃顿晚饭？让孩子坐在那儿，沉浸在影片或电子游戏中有什么问题吗？至少他们很安静！

使用电视、电影和电子游戏来照看孩子确实是个办法，而且很诱人。但是这对孩子的健康有好处吗？连续几个小时盯着电子设备，而不是和父母以及兄弟姐妹互动，这样好吗？恐怕未必吧。

看电视、电影和玩电子游戏并没有什么问题，但前提是适量，而且要对观看的内容进行筛选，给孩子看适合他们年龄的内容。有一些节目，例如《国家地理》和《儿童星球》就很有教育意义。问题在于，大多数家长对使用这些设备并没有设定合理的限制。为什么不问问你的孩子合理的限制时间应该是怎么样的？有意思的是，如果问孩子这个问题，他们给出的限制往往会比成人的更严格。要是他们自己提出了合理的限制，就更有可能遵守这个规则——这样你就不用监督他们了。

最后一点：孩子的房间里不能放电视机。电视机应该放在整个屋子中央的房间，这样每个路过的人都能看到屏幕上的内容。

1. 晚上几点回家

"瑞安对我们设定的回家时间从来都熟视无睹，他想什么时候回家就什么时候回。每次我都坐在窗边担心他，一直等到他回家。有一次瑞安又很晚回家，我丈夫大发雷霆，骂他不负责任，差点把屋顶都掀翻了，可是怎么样都不管用。"

坦率地说，宵禁没有多大意义。我和桑德抚养了五个孩子，可我们从没宣布过在某个"魔法时刻"前孩子们必须回家。相反，我们总是把球放回他们的球场上，让他们自主决定。

当孩子问："爸爸，你想让我什么时候回家？"这时候不要给他设固定的回家时间，比如"你一定要晚上10点前回来，否则……"而要说："在你认为合理的时间回家。"这样，孩子会仔细思考他的决定，并且为自己选择的回家时间负责。

在孩子做出辜负你期望的事情之前，先不忙对他下结论。如果你的孩子16或17岁，有一天凌晨4点才回家，那他以后就休想再借家里的车开了。在这种情况下，你要说："凌晨4点回家证明你还没有足够的判断力。我不愿意把我的车借给一个凌晨4点才回家的人，这个车是用我的名义登记的，保险也是用我的钱交的。

开车这件事我们先放一放，三个月之后再说。"

作为父母说出这些话可能会很解气，而且你也很讲究策略，但要准备好为此付出代价。一旦你开始施行这一重罚，就对自己的生活造成了影响。但是教育儿女本身就是件麻烦事，没有两全之法。

当你禁止孩子开车 1 到 3 个月，你是在传递一种信息，让他明白能开家里的车有多幸运，以及他下次应该怎么改正。这样他才能牢记这个教训。

孩子有时会滥用自己的自由，但重要的是**把球放回他们的球场，**这样他们才会有责任心，成长为健康的成年人。

所以不需要设定固定的回家时间，而要说"在合理的时间回来"。这样做的结果是，孩子可能比你预期的还要早回家。

我们的女儿劳伦初二的时候有一次参加朋友的生日聚会，我问她聚会什么时候结束。她说："没有结束时间，只有开始时间。我应该什么时候回家？"

我直接把球踢回了她的球场："你觉得什么时间合理呢？"

"11 点钟。"她说。有意思的是，她在 11 点准时用朋友的手机打来电话，说她正在回家的路上。我告诉过她必须这样做吗？不，都是她自己主动做的。

在一个负责任的时间回家，而不需要提醒，是成为负责任的成年人的重要途径。

2. 想打耳洞

"我女儿今年 8 岁，非常想打耳洞。但我不认为她已经做好了准备，无论是打耳洞的痛苦还是随之而来的责任。"

"我儿子出现在饭桌上时，我们都大吃一惊——他打了耳洞。他妈妈看到时，差点把土豆泥都摔在地上了。他是在商场里和朋友们一起打的。"

当你的孩子想打耳洞，这是考验父母判断力的时刻。想让你9 岁的儿子戴耳环吗？你可能不想。但是，如果我 15 岁或 16 岁的儿子想要戴耳环，我想我会允许他戴的。这是人生中的"小丘"。当然，我会先和儿子谈谈，因为通常孩子想打耳洞的原因是他们所有的朋友都在打。

"你真的想让自己看起来和每个人都一样吗？"是一个很好的问题。

坦白说，我就不是。因为当我举目向"每个人"望去时，我并不总是喜欢我所看到的情景。有一次我去看篮球比赛，每个人都穿着红衣服。你知道我穿了什么吗？一件白 T 恤。我曾经在人人都穿正装的筹款活动中发表重要的演讲，当时我穿的是夏威夷衬衫。想象一下——我是活动中唯一没有穿西装打领带的人，而且我还是演讲嘉宾！

我的儿子凯文十几岁那会儿，曾经跟我们讨论过想戴耳环的事情。于是我决定看看他对这件事到底有多认真。我把妻子所有的耳环都翻了出来，然后挑了一个在晚饭的时候戴上。当我宣布我也想搞点耳环戴戴时，凯文对耳环的渴望很快就消失了。

这全都归结为一点：**你是想在细枝末节上大费周章，还是养精蓄锐，在大问题上集中火力？** 如果你十几岁的儿子去了一个保守的单位参加求职面试，却发现自己因为戴耳环而没得到这份工作，那么下一次面试时，你讨厌的耳环可能就自动消失了。（当你女儿想在两个耳朵上各打三个耳洞时，这一招也同样适用。）

3. 奇装异服

你知道孩子们每天都穿着戏服吗？可能看上去像普通的衣服，但实际上是经过深思熟虑的戏服。你的孩子走路、说话和行为的方式，都是他角色扮演的一部分。每次他换服装，都是在尝试一种新的个性。怪不得他会在镜子前花那么长时间！

从第一天开始，孩子就表现出他和主流文化（他的父母）不同的一面。我在亚利桑那大学当教导主任的时候，有位学生家长问我要如何才能让他十几岁的儿子把长发剪短，而且不再穿那件写着政治抗议口号的 T 恤。

"好，先生，"我告诉他，"头发的问题很容易解决。你自己把头发留长，他自然就会把头发剪短。至于着装的问题嘛……毕业之后过几个月你再看他还穿不穿。"

每个孩子都希望与父母有所不同。有趣的是，当那位上校的儿子开始参加求职面试的时候，他那件 T 恤就被收起来了，头发也剪短了，然后，他开始穿正式的尖头皮鞋和考究的西装。毕业仅仅几个月，那位年轻人就融入了成年人的文化中，在公司领取了第一笔薪水。

孩子会经历不同的阶段，大部分对他并无害处。重要的是时刻关注你孩子的内心想法。你孩子心里在想什么？他有同情心吗？他有责任心吗？这些会陪伴他一生，行头装束可不会。

时尚瞬息万变。只要看看美国任何一个青年社团的历史，你就会发现年轻人总是通过着装来彰显与上一辈的区别。那么为什么我们这些父母还要小题大做呢？你的父母难道当年就很看得惯你的着装吗？我最近在看一场大学生篮球赛的时候注意到，现在的短裤有多宽松——都已经长过膝盖了。不过我猜，再过几年，我以前穿的那种传统短裤也许会再次流行。

那么，如果你 14 岁的孩子穿了一条能装进两个人的宽松裤又怎么样呢？要我说，只要保证他系上一条管用的皮带，不会让人把他的裤子拉下来就行了。但是，如果你的孩子突然间开始只穿一身黑，化上哥特式妆容，穿皮衣，那么着装就是一个大问题了。为什么？因为通过这种穿着，你的孩子尝试的新个性可能会让他陷入危险境地。

作为家长，你有权在孩子的生活中使用一剂"维生素 N"（对他说"不"）。然而，我劝你不要把一些小事变成一场战斗。如果你的孩子觉得自己需要一条 60 美元的牛仔裤才能融入同伴的潮流，就让他从自己的零花钱里拿钱出来买牛仔裤。或者给他每年上学的着装定一个预算，在这个额度内他怎么花都行。这意味着他可能只买两件名牌衬衫、一条牛仔裤和一件夹克衫，而不是买一整个衣柜的便宜衣服，但从长远来看谁在乎呢？这些都是小节，毕竟衣服数量变少的人是他，要把这些宝贝衣服换洗得够勤才能穿着去上学的人也是他。

这些事情你不必操心。**既然不是要你穿这些衣服，为什么不让孩子更有创造力一些，从自身的经历中学习呢？**

4. 文身和穿环

很久以前，在我小的时候，只有那些骑着哈雷摩托车的人才会文身，那都是一些凶悍的家伙，一看就惹不起。

如今的世界可是与以往全然不同了。来听我婚姻和家庭问题讲座的年轻妈妈们，都衣着体面，受过良好的教育，是一个或几个孩子的母亲，其中有一些竟也文了身——有在肩膀上的、有在腿上的、有在胳臂上的，天知道是不是还有文在其他什么地方的。

显而易见，文身现今很流行。正在阅读这本书的读者想必也有纹过身的，你们估计会嗤之以鼻：这有什么大不了的，也值得放到书里来讨论？写书的人大概是个老古董吧！

我想说的是，人们对待文身的态度常常是两极分化，非爱即恨。坦白讲，是否允许孩子文身或者在身上穿环，是需要每个父母斟酌判断的问题。对一部分父母而言，文身并不是什么不得了的事。他们会说："他文了身又怎样？又不是世界末日。他还是个好孩子。"

文身或者穿环（鼻环、眉环、脐环、耳环、舌环）的孩子之所以这么做，大都是想显示自己的标新立异。不过有意思的是，他们这样做，往往也是因为朋友们都这样做。那么，这还算什么特立独行呢？

有些父母并不鼓励孩子用文身或穿环来展示自己的与众不同，我比较赞同他们的做法。我更主张孩子在乐队中争当最棒的单簧管手，在橄榄球队中争当最牛的边锋。其实，想要与众不同还有很多方式，比如吹奏小号、博览群书、称霸棋局。孩子的自信心越强，就越不会想通过在身上穿孔这样的方式来吸引别人的目光。

丽莎 13 岁的时候，父母同意她纹了身。十五年后，她成了两个孩子的妈妈，搬到一个非常保守的富人区。这时她决定忍受疼痛除去文身。她说："我穿无袖的衣服就很不自在，因为担心其他妈妈会怎么想。尤其那天又听到一位妈妈言辞激烈地谈论一个文了身的女人，说她是多么伤风败俗。上个月，我女儿刚满 16 岁，也想去文身。于是我向她解释了不想让她文身的原因。尽管我的说法和她以前听到的有所不同，她也不能完全理解我的想法，但还是尊重了我的要求。"

我也支持家长不让年纪太小的孩子文身、戴耳环，除非是因为民族文化传统的原因（如印第安人或美国的西班牙裔）。孩子如果还年幼，为什么要那么急着赶着让他们随大流呢？你会这样对孩子说吗——"你看，住在街那头的苏珊打了耳洞，你要不要也去打啊？"（苏珊才5岁。）

现今，父母们似乎都在争先恐后地想把一切都给孩子提前预备好。所以，学校里连一年级的小学生都揣着手机。如果做家长的都是这种想法，孩子们又怎么会不依样画葫芦跟着学呢？

即使孩子年龄已经不小了，父母也还是要随时跟他交流自己的想法。不过决定权还是在孩子手上。只要他满了18岁，如果他想的话，可以在鼻子上、脸颊上或者脖子上文身，就算纹满全身也只能随他去（他的身体会为此付出代价，但那也是他自己的身体）。不过，如果你能花时间告诉孩子你的想法和理由，那么大部分孩子（哪怕年龄再大些）都不会违背父母的意愿。

那么，在身上穿洞又该怎么办呢？我在前文已经讨论过耳环的话题（请参阅第244页"想打耳洞"），故此不再赘述，但我要谈谈身体其他部位穿洞的问题。

最近，我的朋友杰夫去百思买电器超市买东西。杰夫三十出头，是一位时尚老爸。可是，他在店里足足花了二十分钟也没听清楚店员到底在说什么，只好把经理找来了。原来，年轻的店员戴了舌环，杰夫费尽力气也没听懂她在说些什么。他找经理的意思是，商场的店员至少要雇个能跟顾客交流的店员吧？

我无意对鼻环、舌环、眉环、脐环或者其他什么环做任何道德上的评判。我只是想说，同意14岁的女儿用穿舌环来"彰显自我"就太过愚蠢了。这既粗俗，也不卫生——想想看，口腔里有多少细菌啊！更何况，这对她的社交也全无好处，因为一说起话来就口齿不清、叮当作响，恐怕找不到几个人愿意跟她说话吧。

另外，聪明的父母也要记住：孩子 14 岁时想做的事情，到了 17 岁可不一定还想做。在这几年里，孩子会长大成熟很多。在身上任何非传统部位（即除了耳垂以外的部位）穿环，其实是一种无声的叛逆行为。这样做就是为了向世界宣告"我是独一无二的"。对此，我要重申我的观点：要向世界展示你的与众不同，还有很多更好的方式，不一定非要伤害自己的身体。

我认为家长有权拒绝孩子文身和穿环。毕竟，孩子用来文身穿环的钱通常都是爸妈给的，你凭什么要花钱让孩子伤害身体呢？所以，如果你的价值观不能认同文身穿环，那直接对他说不吧。

5. 过分关注身材

少男和少女在吃饭的方式上大相径庭。一个 14 岁的小伙子放学一回家，就拿起一只大沙拉碗（不是饭碗），倒上半盒麦片，再切两根香蕉进去，然后一股脑儿吃下去，两小时后开饭时他还能大吃一顿——这种情形一点儿也不少见。这个年龄的孩子正处于快速生长发育阶段，需要消耗大量的能量，所以，也难怪他一回家肚子就饿得咕咕叫了。

年轻女孩们在吃的问题上却要注意得多。如今，很多连 8 至 11 岁的小姑娘都会对父母说"我太胖了"或者"我不喜欢我的身材"这样的话。要是你的女儿也对你这么说，这可能意味着她正在走入歧途，因为她已经开始过度关注自己的外在形象。

随便看一眼广告牌、电影、杂志，你马上就能发现以貌取人的风气已经越来越低龄化。

多年前，我上了一期《早安美国秀》节目，那期的主题是芭比娃娃。主持人让我谈谈对芭比娃娃有什么看法，我说："注意看，这些娃娃是多么完美、苗条。"然后，我开始谈到厌食症，这种病症的患者绝大多数是青春期的少女（百分之九十都是），她们越来越注重外表。这些完美主义的年轻女孩经常看到电视上、杂志上、广告牌上和电影上那些模特儿的身材，希望自己也变成那样。这种追求完美的心态驱使她们进入恶性循环，从而诱发了厌食症（节食或者绝食）或者贪食症（暴饮暴食，再催吐排出）。

厌食症患者认为，想得到别人的认可，自己就得瘦得跟竹竿似的。但通常她们这种冒险得不到家人的支持，因此会觉得孤立无援。她们难以控制自己，于是偷偷地找到一种方法来掌控自己的世界——不吃东西，或者吃得很少。她们觉得这样就能够达到完美，每个人都会喜爱她们。

如果你怀疑，或者已经发现自己的孩子正在这样做，你应该马上寻求专业援助。相关的症状有：吃饭后马上溜进卫生间把刚吃下去的东西呕吐出来；每次开饭都说"我不饿"；推说自己不舒服，借故离开饭桌；体重反常地急剧下降。不管是厌食症还是贪食症，都是需要医疗人员进行治疗的严重疾病，因为它们将会对孩子的生长发育、整体健康、牙齿、胃以及思维、情感等造成长期影响。

如果孩子经常谈论自己的身材，并透露出对它的不满，那就把自己的不完美之处展现给她看吧（孩子们很少会意识到那些模特儿的照片经过了多少加工处理）。我惯用的做法是掀起上衣，向孩子们展示我肚子的侧面——看看什么叫"完美"！接着，我会讲我偷吃南瓜派的劣迹：我从冰箱里一块接一块地偷来吃，直到把一整个派全吃完了，吃光之后还把饼盘藏起来不让妻子看见，这样她就不会知道我把馅饼店买二赠一送的那个饼一个人全消灭了。孩子们都爱听这些关于你的糗事，这让他们觉得自己也有理由不完美。

所以，把你的糗事告诉给孩子（尤其是女儿）听吧。说说你考试考砸的事，你撒谎被父母抓住的事，还有你做过的其他傻事。信不信由你，孩子还是会把父母当作榜样来看待。在孩子眼中，父母是不可能犯错的。把你做过的蠢事告诉她，就是要让她明白，每个人都有犯糊涂的时候，没有人是完美的。**通过展示你的不完美，你会给予孩子一种勇气，去接受这个不完美的世界中不完美的自己。**因此，我才会为坚持下面这个观点的模特儿点赞："不要把我的皱纹修掉。每一根皱纹都是我努力的结果，是我的一部分。"

展示你的不完美吧，甚至偶尔拿来炫耀一下。这能让孩子自在地做个不完美的人，同时也做个健康的人。

6. 吸烟

吸烟是个大问题。我知道它的严重性，因为我过去就吸烟。7岁那年，我坐在朋友艾迪的自行车后座，抽了我人生中的第一根烟，当时我觉得自己酷毙了。从高中到大学，我一直在吸烟。但是在我遇到了桑德——我们现在结婚已经四十年了——几个月后，我就戒了烟，因为她不喜欢我抽烟。

我还知道，如今的有些父母认为吸烟没什么大不了的，他们甚至允许自己十五六岁的孩子在家里吸烟，并且忍受二手烟的侵害。他们甚至都没有订立一条不许在家吸烟的规矩，因为他们不想让孩子不开心，或者不想剥夺孩子的权利。

在我看来这简直太疯狂了。你难道不知道二手烟的危害有多大吗？更不用说那些家长其实是默许了孩子来管理他们的家庭——并且毁掉他们自己和家人的健康。

当你发现孩子吸烟的时候，就让他写一份5页长的研究报告，内容是关于吸烟的危害。在孩子把这篇论文交给你之前，不能允许他做任何他想做的事情。换句话说，只有完成论文交给你，让你读完并且认可后，他的生活才能继续。

为什么有些孩子会陷入吸烟的恶习，而另一些不会呢？

心理学家弗洛伊德对于吸烟有一个很有趣的观点：他认为吸烟的人还停留在生长发育阶段的口欲期，没有从母亲的养育中得到足够的满足。

美国心理学家鲁道夫·德雷克斯在《孩子：挑战》一书里

诠释了奥地利心理学家阿尔弗莱德·阿德勒的思想。他说，人们吸烟出于两个原因：（1）他们试图引起别人的注意；（2）他们很蠢。

无论出于何种原因，吸烟都对你的身体有害。如果你发现孩子在吸烟，那就应该马上采取行动。我认识一些家长，他们在家里安装了监听设备，这样即便他们周末不在家，也能知道家里发生了什么。还有一些家长会使用电脑上的历史查询键来阅读孩子在社交网站上的评论。

"可是，莱曼博士，"你也许会问，"那我孩子的隐私怎么办？"

在我看来，**一旦事关孩子的安全，就没有隐私权可言了**。如果发生了什么事情，你有责任去发现。毕竟你是家长。

吸烟的钱从哪里来？如果是来自零花钱，你应该立刻停发。如果孩子有一份兼职工作，就去他上班的地方，告诉老板你不再允许你的孩子去那里工作。

聪明的家长会**采取强硬措施立即叫停这种行为，**否则代价就太大了。

7. 看色情内容

妈妈们原本只是想替青春期的儿子换掉脏兮兮的床单，结果却发现了意想不到的东西。当她把床单拉下来的时候，发现有东西从床垫下冒了出来：《阁楼》和《花花公子》杂志。

此时，母亲的感觉已经不能仅仅用吃惊来形容了。她该怎么办？她在家发现了污秽不堪的东西，儿子不仅看，还把这些东西带回了家！

下面是我给她的建议：让这位母亲不要和13岁的儿子当面锣对面鼓，以免事态升级为一场激烈的对峙，而是悄悄地把这两本杂志放到客厅的咖啡桌上，和她的《好管家生活》和《自我》杂志放在一起，然后等着儿子放学回家自己发现。

他一定会发现的——几分钟之内就会看到，当时他正一屁股坐下来准备看电视，结果差点被可乐呛着。他脸"唰"的一下就红了："这些东西怎么会在这儿？"

"哦，"妈妈轻松地脱口而出，"我在你的床垫下发现了这些登着美女照片的杂志。我想着我应该把它们放在这儿，这样你爸和你妹就都能好好欣赏这些美图了。"

这一刻，孩子的表情像是马上要吐出来。他这可是被抓了个正着。

"或者还有更好的地方来放这种东西，"妈妈平静地说，"比如把它们撕碎，扔到垃圾桶里。不过我觉得这件事应该你来做，而不是我替你做。毕竟是你把这些东西弄到家里来的。"

这位母亲和孩子一起坐下来，告诉他这种杂志是怎么回事，以及它是如何描绘女性的，然后问他："你真的要花时间看这种东西吗？色情可是很容易让人上瘾的。"

确实如此，因此要**防微杜渐，禁于未然**。长期上瘾行为的最开始不过就是短暂接触了这样的杂志。青春期的男孩想了解女性

的身体是什么样子正常吗？很正常。11 岁到 14 岁的男孩中 90%
都看过色情内容。但是观看女性的身体，也分为健康的方式和不
健康的方式。而色情肯定属于不健康的方式，因为它所展现的是
淫荡的姿态、原始的性暴露和对女性的贬低。

有史以来，每个男孩都会对女性的身体产生兴趣并为之着迷。
但是如今的风气不得不让家长提高警惕，因为低俗的东西随处可
见。我小的时候，色情内容并不像今天这样遍地都是。现在有了
互联网，色情内容能直接进入你家的客厅——如果你允许的话。
你知道吗，互联网色情产业是一笔价值 120 亿美元的生意。聪明
的家长会在电脑上安装屏障软件来阻拦低俗的内容，还会定期检
查家庭电脑上的历史浏览记录。聪明的家长必须了解孩子所看的
一切——无论是杂志还是互联网。数据表明，10 个孩子中有 9 个
在互联网上浏览过色情内容。你的孩子会是其中之一吗？

**你不可能时时刻刻保护孩子免受任何危险，但是在这方面
搭起防护网是非常重要的。**一旦孩子看到了色情照片，这些图像
就很难从他们的脑海里抹去。同时，你一定也不能给性侵者提供
机会，让他们轻易接近你的孩子。

8. 开车

在我看来，开车是一种特权，而并非理所应当。孩子首要的
责任在家庭和学校，其次是体育训练、学习乐器等，开车只能排

在这些事之后。不过一旦孩子到了可以开车的年龄[1]，开车就可能成为他们非常关心的事情。

孩子需要表现出极大的责任心，才能开家里的车或者拥有自己的车。此外，让孩子参加驾驶教育课程也是明智的选择（同时也为你节省了保险费）。我认识一对非常聪明的父母，规定孩子如果到了规定年龄想开车，必须遵从以下几点：

（1）车里最多只能载一个朋友。

（2）开车时不能打电话或发短信。

（3）严禁酒后驾车。

（4）在合理的时间回家。

（5）每半年支付一半的车险费用。

现在他们的女儿准备开车了，你认为她对父母会不尊重，或者对开家里的车掉以轻心吗？

孩子年龄到了，并不意味着他已经准备好开车了。驾驶需要专注、严肃和纪律，如果你的孩子没什么责任感，那为什么要让他开你价值几十万元的车？为什么要把他的生命、他朋友的生命和其他人的生命交到他的手里？**驾驶是一座大山，一个非常严肃的大问题。**

如果你的孩子在开车这件事上还没有足够的责任感，那就不

---

1 译者注：在美国，孩子年满 16 岁可以开车，而中国的法定驾驶年龄是 18 岁。

要给他家里汽车的钥匙。或者，如果他要开车，那么你或者另一位负责任的成年人需要在他开车时与他同行。你原来希望孩子满了 16 岁你就不用开车送他去这儿去那儿了，现在这样肯定会给你带来不便吧？当然会。但是，养育孩子大部分时候都是不方便的。要是你不这么做，付出的代价要高得多。

最近在纽约州西部，有五个啦啦队女孩——在学校是非常受欢迎的孩子，学习成绩优秀，高中毕业刚要上大学——却在开车时遭遇了正面相撞的交通事故，结局惨痛。调查人员发现，在撞车发生前几秒钟，开车的那个女孩收到了一条短信，于是她一边开车一边发短信。当她试图超车时，一下子撞上了一辆半挂车。

现在让我问你：让你的孩子遵守家庭汽车的驾驶规则有价值吗？如果你的孩子不遵守这些规则，表现得毫无责任心，那么你严禁他开车 1 到 3 个月是很过分的事吗？如果不这么做，后果会严重得多，正如这五个女孩的父母最后明白了这个道理，但已于事无补。

把家里的车钥匙收起来，会让你在一段时间里听到孩子的很多抱怨，但这样做能让他以及路上的其他人免于遭受巨大的危险。

9. 听奇怪的音乐

对于音乐，我们都有自己的偏好。你孩子甘之如饴的音乐，你很有可能毫无兴趣。(想想你的父母喜欢过你听的音乐吗？)但是，对于孩子听的音乐，如果你站在他的对立面，这样对你真的有好处吗？孩子的音乐品位会迅速变化。让你无法忍受的乐队可能最近很火，很让他痴迷，但过了半年，估计孩子听的歌早就已经换成另一个潮流乐队了（可能你依然不喜欢）。

当然，你也用不着强迫自己喜欢孩子的音乐。但是你总要想办法找到其中的一些好处——确实也有必要这样，因为你免不了被这样的音乐包围，尤其是在孩子青春期的时候。

"很棒的节奏。"

"这首歌叫什么名字？"

"歌手是谁？"

我女儿劳伦15岁的时候会像疯狂的啄木鸟一样，飞快地把车上的广播从一个电台拨到另一个电台来听歌。"啊，"她开心地哼哼道，"我太喜欢这首歌了，它是我的最爱！"听完后我们会再转好几个电台，看看是不是能在其他台找到这首她喜欢的歌。

你想了解孩子的世界吗？尝试着享受他喜爱的音乐吧。

不过，**关于歌曲还有一点需要特别注意，那就是歌词**。有些歌词明显就有种族歧视，或是在诅咒和贬低男性或女性。如果你的孩子听的是这种歌，那你就该引起警觉了。"宝贝，稍微等等，我想听清楚歌词。你能把音量放大点吗？你听到他们在唱些什么吗？你同意歌词里写的吗？"

你可能不喜欢孩子听的音乐，但更重要的是歌词。所以必须要用心听。

1. 该不该打孩子?

该不该打孩子,是一个热门话题。家长们对此的看法也迥然不同。不过,既然你看这本书就是想听听我作为心理学家和家庭专家的看法,那我就知无不言了。

有一种情形下,打孩子一记屁股是最恰当的管教方式,那就是在孩子故意不听话的时候。

"故意不听话"怎么理解呢?比如说,你的孩子在玩电源插座,你对他说:"不行,你不能玩那个,很危险。"可是他看了你一眼,然后眯了眯眼睛,继续玩插座。这就叫"故意不听话"。这是一种蓄意的行为,这么做的意思是:"我才不听你的,我就是要跟你对着干。在这里我说了算。"

这样的态度,难道不该打一记屁股吗?

不过我们还需要明确一下打孩子的定义。你不能在生气的时候打孩子屁股。如果你正在气头上,就先让孩子离开当时的现场,并让自己冷静下来。不然你可能会采取不理性的行为。打孩子屁股之前,需要先向他解释你为什么打他,而不应该是出于一时的冲动。你可以说:"你刚刚的行为,我看不惯。你等于是在跟我说,你故意不听我的话,存心要跟我对着干。你根本不尊重我这个家长。"然后再打他屁股。

不过我需要再说明一下什么是"打一记屁股"：这是指用摊开的手掌击打孩子的臀部，动作是一次性完成的。

这和大动肝火地长时间痛打孩子是截然不同的。用手打孩子（这样你能感觉自己打在孩子身上的轻重）和用皮带抽孩子也是不同的。可悲的是，许多父母在暴怒之下把管教孩子变成了虐待孩子。如果你自己小时候受过身体虐待，那么你绝对不要用打屁股的方式来管教你的孩子。这个办法会给你带来太大的精神包袱和太多的情绪。你很容易失去控制，重演你父母对你的所作所为。

有些孩子非常敏感，只要打一次屁股他就能记一辈子，有些孩子则需要多加提醒。

不过，如果你选择了打孩子，就一定要牢记目标：这么做是为了纠正孩子的行为，而不是伤害孩子。例如，如果你已经告诉孩子不能在马路中间玩，他还是三天两头跑到马路中间去，那么就该打他屁股，因为他的做法真的很危险。要是拐角开来一辆车，司机没有看见这个只有桌腿高的孩子，谁知道会发生什么呢？

管教应该始终从是否对孩子有益出发，而不是出于一时冲动的情绪反应，当时解气，之后就会有满满的负罪感了。

2. 孩子是不是有多动症？

"你就不能安安静静地坐会儿吗？你这人怎么回事？"

如今的父母常常会试图给孩子贴标签。那么这些关于标签的话题有什么用呢？

"我的孩子得了强迫症（OCD）。"

"我觉得我儿子有多动症（ADD或ADHD）。"

在现今，如果孩子符合多动症十种症状中的任何一项，就可能被贴上患病的标签，进行药物治疗。似乎这是个很简单的解决办法。但是从长远来看，这会对孩子有什么影响？

我坚信，贴标签对孩子或者家长都没有好处。坦白说，给孩子贴上标签是让他为自己的行为开脱，也给父母找了一个借口。除了同意服药外，你无须做任何其他的事情："因为她有多动症，所以在学校成绩不好，老师们都不理解她。"或者，"他是不由自主的，他就是这副样子。"

但是通过近四十年的心理咨询工作，我发现通常被打上标签的行为完全是出于其他原因。现在很多家庭是怎么了？在经历了不计其数的昂贵的受孕监测、9个月的艰难怀胎、分娩时痛不欲生的阵痛，或者错综复杂的收养程序后，有个孩子终于降临到了你的家。但是几个月后，妈妈回去上班了，孩子就被送到了幼托班，由陌生人照顾。所以孩子回家后会拼命争取父母的关注，他们不仅跟兄弟姐妹抢，还跟父母长时间工作后疲惫的身体抢。

我深信，**孩子们需要的不是标签，而是爸爸妈妈对他的用心关注**。如果孩子没有得到所需要的关注，那么他们会找到获得关注的办法，不论是以正面还是负面的方式。

如果你关心自己的孩子，就不要相信非专业人士的话。太多的孩子被误诊了。去找位在行为领域经过培训的儿科医生，或者真正的专家。我做了四十多年的心理医生，还从没诊断过哪个孩子得了注意缺陷障碍，或者注意缺陷多动障碍。在孩子接受该领域专家的反复测试前，我是绝不会在哪个孩子身上贴这个标签的。相反，我问会父母："你希望孩子以后长成什么样？"然后我会帮助家长达成这一目标。我还会慢慢纠正父母对孩子可能存在的误解。比如，如果你孩子的智商是85，那么他长大后是不会成为火箭科学家的，但他有可能在别的方面有天赋，你可以多多鼓励他。

如果你希望孩子成为一个负责任的人，就让他承担和年龄相称的责任。如果你希望孩子懂得尊重他人，你就需要向他表示尊重。如果你希望孩子心地善良，你就以身作则起来。要是你想要一个多嘴多舌的孩子，那你自己多唠叨就行了。

你会发现，力量不是凭空而来的，它是通过模仿而来的。如果孩子身上有些方面你不喜欢，很可能是他们看到了你的行事方式，然后有样学样。

因此，在给孩子贴上标签或接受别人给孩子贴的标签之前，为什么不想想怎么改变他的行为呢？

3. 孩子是不是有强迫症？

最近，我在亚特兰大举办讲座，结束后一位女士找到了我，告诉我她认定自己的儿子得了强迫症。强迫症是一种焦虑性障碍，患了这种病症的人必须完成一些"仪式"才能遏制自己的恐慌或非理性的恐惧。这位女士告诉了我她儿子做某件事前必须经过的程序。例如，她必须假装用橡皮擦把浴缸擦干净，还要做完清洁浴缸的全部动作，儿子才肯进去洗澡。又比如，晚上她给儿子掖被子哄他睡觉的时候，必须要用某种方式折好毯子才行。

确实，这个孩子听上去像个完美主义者。可是，谁还没有点怪癖呢？孩子就是喜欢固定套路，他们在家要坚持某些程序（最值得注意的是就寝程序）。那么，是什么让这位女士认为她的孩子得了强迫症呢？因为她看过一本相关的书，之后跟邻居喝咖啡聊天时，邻居也证实了她的想法。

如果你担心孩子可能得了强迫症，就去找专业人士做个评估。太多的孩子被误诊为强迫症，其实他们只是单纯地比较固执，想让你按他们的方式来。这种行为的目的是什么？是为了获取你的关注，掌控自己的世界，并且控制和支配他人。

最后他们总能如愿，因为他们固执地追求完美。但是，对这样的孩子来说，最重要的是帮助他们理解为什么必须要进行规定的程序。是因为内心深处担心现状会变化吗？是担心你会走开吗？

在你给孩子贴上标签或者接受别人给你的孩子贴标签之前，为什么不先了解一下行为的目的，然后再着手试图改变呢？

4. 如何带孩子外出就餐？

我刚带着 3 岁大的外孙康纳和 1 岁半大的外孙女阿德琳吃完午饭回来。说句实话，带着两个蹒跚学步的孩子去餐厅，想安安心心吃口饭或者想说句完整的话都是不可能的。就像我的女儿克里西跟我说的："爸爸，你已经行了这周的善事了。"

我告诉她："我真是非常享受啊，必须再带他们去一次……不过时间是一年后。"

我们俩都笑了。

因为我自己有五个孩子，现在又有了孙辈，所以我对带孩子的母亲们的辛苦感同身受。当了妈妈后，有时你的目标仅仅是让这一天赶快过去。让幼儿好好坐上片刻——哪怕就是能坐下来——就是一项艰巨的任务（对于某些性格类型的孩子而言尤其如此）。每个妈妈都需要知道自己的孩子到底能安安静静地坐多久，因为一旦突破这个时间限度（比如和闺蜜在餐厅吃一个小时的午餐）就很有可能带来麻烦。订一个外卖带着去公园吃可能是更好的选择，在那里，你的孩子能自由奔跑，而你的闺蜜也会感激你的。

年幼的孩子吃顿饭的时间特别短（除非吃饭变成一场战斗，而且他们的作战计划是通过拖延来吸引妈妈或爸爸的注意力）。他们一旦吃完，这顿饭就结束了。因此，如果你没有在孩子的眼中领会到"嘿，我吃完了"的意思，那么他会有两个很自然的举动：

（1）飞快地把所有剩余的食物倒到地板上。看着食物掉落飞溅真好玩,看着爸爸妈妈来回跑也很好玩!无论是在家里还是在餐厅里都是这样。孩子可不会觉得这样的行为很丢脸,他们认为这很有趣。

(2)使尽力气把托盘推开,然后爬出他的高脚餐椅。

那么,你需要做什么呢?

首先,要认识到孩子天生爱吵闹。那些你们夫妻二人执子之手、深情凝望、边共进晚餐边畅谈未来的日子已不再有(你们的约会之夜除外)。生活已经改变。

其次,对孩子来说,做一件天性使然的事情并不是在"调皮捣蛋"。1岁大的孩子会想:"嘿,如果我把我的麦片扔下餐椅,妈妈就会跑过来。让我看看她能跑几趟。"

最后,我们往往要求孩子坐在椅子上或高脚餐椅上的时间太长,超出了他们这个年龄能承受的范围。很多父母为了给一家人准备晚饭,就把小孩子放到餐椅上让他们吃零食。这样是行不通的。等你做好了晚饭,这些蹒跚学步的小孩已经被零食喂饱,吃不下正餐了。而且他们在不舒服的高脚餐椅上被困了很久,没办法再待下去了。

那么,如何解决呢?在你吃饭的时候,请尽可能多地喂饱孩子,或者让他跟你吃一样的食物(煮的时候捣碎成泥,分批食用)。另外,要让孩子明白一件很重要的事情:一旦他们从餐椅上下来,这顿饭就算吃完了。这意味着要想过会儿再回来吃一口是不可能的。无论在家里或者餐厅都是如此。

如果你的孩子领会了这一点,他们饿了以后就会坐着一直吃到饱，然后再离开餐桌，你就有时间和爱人或其他孩子说话了。

当然，这个办法在家里效果会比较好，因为孩子有玩具可以玩，但在餐厅就会比较困难。所以，要是孩子还很年幼，比起去普通餐厅，你可能要想出一个更有创意的选择。这样，你会更开心，孩子也会更开心。

5. 孩子能不能在外过夜？

对家长而言，允许孩子迅速地长大成人是件很诱人的事，在外过夜也是其中的一种方式。但是在外过夜的频率应该很低，尤其是在孩子还很小的时候。孩子们需要回家，可如今的孩子们在家的时间越来越少。现在，小孩子一旦到了3岁就得参加体操运动，到了5岁就得去踢足球、去游泳俱乐部、跳芭蕾舞，这是孩子们生活中不可或缺的一部分。这意味着孩子们接触的人比以往多得多。

你对孩子要住的家庭有多了解？你让3岁的孩子去奶奶爷爷家过夜（很多3岁的孩子甚至还没有为此做好准备，因为他们会很想念妈妈）和让7岁的孩子在小伙伴家里过夜是有区别的。你确定那家没有变童癖者吗？我知道我说得非常直白，但今天的世界就是这样，这么做风险很高。关键在于：如果孩子受到性虐待，那么很有可能该施虐者是家庭成员。

这意味着如今的父母在孩子的事情上不得不保持警惕。因此，当你考虑孩子是否可以在外过夜时，你应该问自己以下问题：

（1）你的孩子以前离家过吗？如果没有，这会是在安全环境中的第一次良好体验吗？

（2）你的孩子会想妈妈吗？

（3）你的孩子睡得好吗？

（4）你对孩子所住的家人有多了解？

由于这些原因，我们家的孩子很少在外过夜。我们允许女儿劳伦在初中时带几个朋友回家。但后来我们制定了严格的政策，让桑德开车送这些女孩回家（作为男士我没有送她们）。

当你把孩子送出去过夜时，意味着你用孩子的生命来信任这家人。你很了解他们吗？

后记：

快乐日

现在，你已经掌握了一套全新的战略战术，并做好了准备来应对让你头疼的亲子关系问题。事实上，你完全可以坐下来，放轻松，面带微笑地等着孩子的下一步行动。因为你已经清楚地知道他们为什么会这么做，他们吼叫的音量和持续的时间与你有何关系，与你过去是个什么样的家长有何关系。而这个小秘密让你能获得主动，在自家的战场上大获全胜。

除此之外，你还是个聪明人（比孩子认为的要聪明得多）。你比以往任何时候都更深信，态度、行为和品格是三个最重要的品质。你的孩子不仅需要学会这些品质，而且要在他们的人生中坚决实行。你需要把这些教给孩子，并时刻在孩子面前做表率，在这方面，你对孩子的意义是和全天下的任何人都不一样的。就像我曾经看到过的一张汽车保险杠上的幽默贴纸："为人父母就是步步惊心。"说得很对。孩子的价值观是从父母身上潜移默化得来的，而不是教出来的。孩子在各种年龄阶段——从蹒跚学步的孩提时代到惹人恼怒的前青春期，从不服管教的少年到质疑一切的青年——你的孩子都是通过观察你来学习怎么生活的：

学习你如何应对愤怒、悲伤和失望；

你如何认可成就、庆祝喜悦；

你把什么放在优先的位置；

你如何对待别人和你自己。

有时这也会让人害怕，对吗？但同时这也是个非常刺激的过程，如果你知道如何利用人类的本能来观察别人的话。实事求是地说，我们都爱窥探别人，所以你可以利用这一点来对付孩子。

邻居或同事的经历让你大开眼界，也让你决定了不重蹈他们的覆辙。你比以往任何时候都更坚决地认为，现在是时候做出改变了。

对于你们中的一些人来说，使用本书中的方法来激发这种变化可能并不费力。你在短短五天里就拿回了主导权，而这一变化会让孩子一头雾水，惊讶得下巴都快掉了。他们会想：以前我这样做就能得到我想要的东西，为什么现在这么做没用了？

对于你们中的另一些人而言，本书将为你们家新的管理模式搭建舞台，但你的孩子可能会变得更加抗拒、更加固执。我们之前讨论过，孩子就像湿水泥一样——年龄越小，塑造他就越容易；年龄越大，就越难塑造他，因为态度、行为和品格的印记已经慢慢凝固了。

而你们中的另一些人，可能长年累月和叛逆的孩子做着艰苦卓绝的斗争，为他们操碎了心，以至于很多个晚上都彻夜难眠，但最后柳暗花明，你的孩子终于改变了。我要在这儿提醒你几句：不要自鸣得意，也不要盲目乐观，自以为掌握了人生的全部答案。别总是跟孩子翻旧账，别揭孩子的伤疤。要为你和孩子对生活有了新的方向而心怀感恩。

我想和你们分享一个《圣经》中的故事，这个故事是给家里曾经有（或者现在就有）浪子的父母看的。故事中的浪子对整个家感到厌倦。他焦躁不安，来到父亲跟前说："告诉你吧，这个家实在是无聊透顶。我要走了，去找到属于我的地方。这里将成为历史，我走了。"

孩子果然就这么做了。他离开家，过着他想要的生活。他把钱都花在了花天酒地和女人身上，挥霍殆尽。但最后，他幡然醒悟，意识到连他父亲手下的农夫都比他强，好歹他们还有口吃的。于是他回到了父亲家。

整个故事中最感人的一幕就是，当父亲看到他的儿子从远方回家的时候，立刻跑了过去拥抱了他，为儿子能回家感到欣喜若狂。

我需要向你指出这位父亲没有说出来的话——他没有说："看看这个狼狈回家的人是谁！独立的生活过够了吗？"或者"我想你现在应该得到教训了吧。"这样的话他一句也没说。

那位父亲只是拥抱了他的儿子。他深爱着他。

这对于家里有浪子的父母来说是一个很好的启示。

是的，你希望离家在外闯祸三年的儿子能从头再来。但是你可以稍稍安心了，因为儿子已经平安回家。你应该为你们俩开启生命中新的篇章。你要爱他，然后继续前行。

让我们大胆地说出来吧：你并不完美，你的孩子也并不完美。有时候，孩子就是会调皮捣蛋、惹人恼怒、让你哭笑不得；有时候，你明知不应该，但还是对孩子让步了，或者变成了和你父母那样的专制型家长。

人无完人。你的孩子需要在接纳、归属和能力三管齐下的基础上，才能成为健全的、对社会有用的人。他们还需要你的真话和鼓励来塑造品格，而不是虚假空洞的赞美。

最重要的是，你需要始终如一。孩子需要的是能挺直腰杆，做真正家长的妈妈和爸爸——即使这意味着在一段时间里你会成为孩子的头号公敌。

今天是属于你的一天，是快乐日，是对你工作和决心的奖励。这一天你可以坐下来好好享受乐趣！

还记得在"星期一"章节里4岁的小马修吗？那个在车里对妈妈无礼，然后不知道为什么放学后没有吃到平时的牛奶和饼干的男孩？他不明白妈妈为什么不让他吃，但是他特别迫切想吃到平日的零食，最后终于愿意听妈妈解释拒绝给他吃的原因。

啊，接下来才是对每一个家长而言最困难的部分。那位母亲必须俯下身，看着那哭红了的、泪光闪闪、充满惭愧的4岁孩子的眼睛，但仍然不能给他想要的东西！

你能想象她有多想依着孩子吗？如果是你，想必你也会很想这么做吧？但是，如果她真的让步了会怎么样？她做的所有努力会有成果吗？

如果这位妈妈没有下决心坚持到底，马修就不会知道她有多认真，也不知道他伤害了她的感情。最重要的是，这个都没有桌腿高的小孩仍然会成为亲子关系的主宰者。

有一句古老的格言说得很对：有时爱必须用严厉的方式表达。

有时候，你必须表现出这种关爱。但是，如果你真的做到了，成果就会展现在你面前，会让你惊叹不已！ 你也能经历成千上万的家庭已经经历的事情——家庭关系和家庭生活的彻底革命。

请看以下这位母亲的来信，它着实让我会心地微笑了。

亲爱的莱曼博士：

我参加了您上周末在得克萨斯州达拉斯召开的研讨会。非常感谢您提出的实用又易于实施的方法。我立即把它们付诸了实践。

在听完讲座后的星期一早上，我把三个孩子叫到了一起（他们分别是6岁、4岁和3岁），然后出发回家，大约有30分钟的路程。因为到了午饭时间，我决定在麦当劳停下来吃个饭。排队等候时，我4岁的孩子开始抱怨发牢骚，我告诉她我们马上就走。当三个孩子看到我两手空空走到出口门时，他们开始尖叫、哭闹、上蹿下跳。人们像看疯子一样看着我们。我让他们上车，然后往家开。他们继续尖叫哭闹，所以我把收音机声音开到最响。过了会儿，老大和老幺终于安静下来了，但是4岁的艾玛继续闹个不停。等到了家，我一言不发地把艾玛从车里抱下来，走进屋里，径直走到后门。我把她放在外面，关上门上了锁。她继续哭了有10到15分钟，我在屋里准备午饭。等她终于安静下来了，我才让她进来吃午饭，那一天，三个孩子的表现都很好。

我和我丈夫还一起参加了星期一晚上的讲座。艾玛以前睡觉一直很好，但是到了2岁，情况完全变了，之后我们为她的睡觉问题整整斗争了两年。我们把能想到的方法都尝试了个遍，希望她乖乖睡觉。虽然我们尝试过隔离的办法，但通常会带上谈话、讲道理和大喊大叫。那天晚上，我们又听到她在房间里尖叫，我看了看我丈夫说："我觉得我得把她放到外面去。"他回答说："我来帮你。"我们就上了楼，一言不发，我把艾玛的手指从被子上掰开，不理睬她的乱踢乱吼，直接把她抱到了后院。这时候她甚至开始尖叫着说："打我屁股吧，打我屁股，不要把我放在外面。"我还是把她关在了外面，还上了锁。不到10秒，我听到门上轻轻敲了三下，接着传来一个很平静的声音，说："妈妈，我不哭了。"当我打开门后，她自己就上楼去了，整晚我们都没听到她有什么动静。不用说，我和我丈夫都很惊讶。

　　　　　　　　——得克萨斯州一位不再不堪重负的母亲

　　简单来说，这对父母痛下决心再也不容忍小艾玛的权力游戏了。所以他们决定采取行动。

　　这并不是个例。其他尝试过本书中策略的人也对效果非常满意，以下是他们的评价：

　　　"起初，当我听说这个'神奇疗法'时，我将信将疑，但它真的名不虚传。我当了5年的单身爸爸，对我的两个女儿没有母亲这件事，我一直觉得很亏欠。所以我想方设法给她们想要的一切。即使我自己过得凑合一点，也要给她们买最新的玩具。等她们长到12和13岁时，有一天她们因为没有得到想要的品牌牛仔裤跟我生气，我才意识到，我养了两个小白眼狼。我惊呆了，觉得自己太无能。直到我的一个朋友跟我聊起她在你的家庭教育讲座上学到的东西时，我才开始对她们的牢骚说不。我按照你说的——对他们说不，并且坚持立场。5天后，我的大女儿走到我跟前，给了我一个拥抱，说，'爸爸，我爱你。你为我们牺牲了很多。'这是她变'酷'后的一年多来第一次拥抱我。"

——斯坦

"带小女儿玛丽对我们来说一直是个挑战，但她的行为在4岁的时候更变本加厉了。没有人愿意帮忙照顾她，因为他们都说玛丽真是很难带。我明白我必须做点什么了。我不能让一个4岁的孩子在统治我们的家。因为她让我们忙得不可开交，我和丈夫甚至都没法出去进行每月一次的约会。我们尝试了你的策略，真的有效！玛丽尖叫发脾气后，我们让她在厨房门外待了20分钟，她只能眼巴巴地看着我们家里其余的人享用她最喜欢的巧克力蛋糕。当她终于发完脾气时，蛋糕已经一口不剩了。我等到3天之后才又做了一回巧克力蛋糕。这一次，玛丽不再有什么牢骚，她老老实实和我们一起吃。当我问她是不是要来一块，她竟然用了'请'字！这在我们家真是太不可思议了。其他孩子瞪大了眼睛看着我。我的老大跟我眨眨眼说：'妈妈，这好像管用。'"

——贝蒂

看完这些电子邮件后，你会知道我的原则是起作用的。但是，如果它们好像对你家没有起到作用，你会怎么办？

你可能会和以下这位家长有共鸣：

亲爱的莱曼博士：

    我遵循了您所有的原则，可我家 4 岁的克里斯托弗还是那么爱顶嘴，毫无改观。最近，我们带他去我叔叔的船上，他也吵吵闹闹抱怨个不停。我告诉他，如果他不马上安静下来，明天就不带他去游乐园了。(星期三是儿童节，所以我们特意留到明天再去。)他还是不停地发牢骚。我觉得又尴尬又愤怒，我告诉他说，我们不带他去他最喜欢的湖边餐厅吃午饭了。可还是不管用。

    半小时后，我丈夫忍无可忍，从背后打了他一巴掌，他终于在餐馆里安生下来。

    我很焦急地期待更多帮助。如果您能回复邮件给我一些建议的话，我会很乐意支付费用的。

——密歇根州一位愤怒的家长

以下是我的回复：

亲爱的愤怒家长：

让我们根据你的邮件来回顾一下这些原则：

1.当克里斯托弗吵闹时，你让他马上停止。这并不是个好主意，因为大多数4岁的孩子还不太明白要怎么马上停止。

2.你威胁了克里斯托弗两次。第一次你告诉他，如果他不安静下来，第二天就不能去游乐园了。第二次你告诉他，如果他不安静下来，你就不带他去他最喜欢的餐馆吃午饭。在我的讲座里，我从没提过要威胁孩子。事实上，我指出过，威胁孩子只能适得其反，这样对孩子不尊重，而且永远也不会奏效。对孩子说"如果你不这么做，我不会给你……"是没有用的。你作为父母，在这种情况下只会失败。你的孩子非常了解你，从过去的经验中他知道，他只要大声地抱怨或发牢骚，你就会让步。

3."明天"对一个4岁的孩子没有任何意义。它太遥远了，简直像永远那么远。因此，威胁他不去游乐园对他而言根本不起什么作用。

4.当你告诉他你不带他去吃午饭时，我敢打赌你叔叔和船上的其他人听到这话都很开心。

5.虽然你说了你不会带孩子去吃午饭，但你显然还是带他去了。教育孩子最重要的两项原则是始终如一和贯彻到底。你需要始终在行为上保持一致，要言行一致，坚持说到做到。

我赞赏并感谢你的诚实。你展现了自己人性的一面，用"愤怒"和"尴尬"这样的词来形容自己。这些可能是你丈夫决定在餐馆里打克里斯托弗一巴掌的好理由。

你需要了解的是，孩子希望获得关注，他们会以积极或消极的方式得到。在船上的时候，你们和儿子之间进行了一场权力斗争，他下定了决心要让你关注他。毕竟，你很难对一个4岁孩子在船上调皮捣蛋的行为视而不见。

然而，如果你当时按照我的原则来行事的话——在湖上，你4岁的孩子开始不听话，你可以问船长，是否介意把船停到码头上，让你和孩子下船。你不需要威胁孩子不带他去游乐园。你的孩子将会吃不到午餐，所以这对你和你儿子都是要承受的后果——希望你们将来都会记住。不要发生权力斗争，因为你平静地掌控了局面，你的儿子马上就尝到了后果。

如果你一以贯之地使用这些原则，并且始终言出必行，那么到星期五，你就会有一个焕然一新的孩子。并在大部分时间里，你的脸上会挂上微笑。我保证！

我们行动计划的关键是：始终如一，贯彻到底。我采访过很多父母，他们说自己什么办法都用了——打屁股、停发零花钱、取消特权等。他们看了各种书，咨询了一堆专家，但什么用也没有。他们就像青蛙，从一片荷叶跳到另一片荷叶，从来没有在哪片荷叶上停留很长时间。这也就难怪孩子和父母都感到愤怒不堪了。父母不断"切换计划"，想找到效果更好的办法，这反而造成了更多混乱。莱曼的策略很简单：说一遍，转身，离开。让现实成为老师。学会理性回应，不做情绪反应。要先完成 A，才能开始 B。

这些是让你立于不败之地的法宝。我保证。

最后，让我们再来复习一下——

莱曼博士的十大育儿准则

1. 你的行为要 100% 前后一致。

2. 言出必行。

3. 学会理性回应，不做情绪反应。

4. 数到 10，然后问自己："在这种情况下，以前的我会做什么？现在的我该怎么办？"

5. 切勿威胁孩子。

6. 如果生气了，要马上道歉。

7. 不要给孩子警告。

8. 问问自己："这是谁的问题？"

9. 不要幻想调皮捣蛋的行为会消失。

10. 即使你心里怒不可遏，脸上也要始终保持微笑。

教出懂规矩的孩子

作者 _ [美]凯文·莱曼　译者 _ 赵姬

产品经理 _ 周 喆　装帧设计 _ 向典雄　产品总监 _ 阴牧云

技术编辑 _ 顾逸飞　责任印制 _ 梁拥军　出品人 _ 吴畏

营销团队 _ 果麦文化营销与品牌部

果麦
www.guomai.cc

以 微 小 的 力 量 推 动 文 明

图书在版编目（CIP）数据

教出懂规矩的孩子 /（美）凯文·莱曼著；赵姬译
. -- 上海：上海文化出版社，2022.1（2022.12重印）
ISBN 978-7-5535-2449-8

Ⅰ.①教… Ⅱ.①凯… ②赵… Ⅲ.①家庭教育
Ⅳ.①G78

中国版本图书馆CIP数据核字（2021）第259233号

著作权合同登记号 图字：09-2021-0992 号

出 版 人：姜逸青
责任编辑：顾杏娣
特约编辑：周 喆
装帧设计：向典雄

书　　名：教出懂规矩的孩子
作　　者：[美] 凯文·莱曼
译　　者：赵姬
出　　版：上海世纪出版集团　上海文化出版社
地　　址：上海市闵行区号景路 159 弄 A 座 2 楼　201101
发　　行：果麦文化传媒股份有限公司
印　　刷：北京盛通印刷股份有限公司
开　　本：880mm×1230mm　1/32
印　　张：9.25
插　　页：4
字　　数：191 千字
印　　次：2022 年 1 月第 1 版　2022 年 12 月第 2 次印刷
印　　数：10,001~13,000
书　　号：ISBN 978-7-5535-2449-8 / G·408
定　　价：49.80 元

如发现印装质量问题，影响阅读，请联系 021—64386496 调换。